अपने
बच्चे
को
विजेता
बनाएँ

AF809710

अपने बच्चे को विजेता बनाएँ

सुमन वाजपेयी

विद्या विहार, नई दिल्ली

प्रकाशक : **विद्या विहार**
19, संत विहार (पहली मंजिल) गली नं. 2, अंसारी रोड, नई दिल्ली–110002
 / संस्करण : 2026 / पेपरबैक मूल्य Rs 499.00 रुपए
मुद्रक : नरुला प्रिंटर्स, दिल्ली ISBN 9[illegible]95-5

APANE BACHCHE KO VIJETA BANAYEN

by Smt. Suman Vajpayee

Published by **VIDYA VIHAR**
19, Sant Vihar (First Floor), Street No.2, Ansari Road, New Delhi-2

Rs 499.00

आज के बचपन को समर्पित,
जिनकी प्रतिक्षा कर रहा है
सुखद भविष्य।

विषय-सूची

1

स्वस्थ माहौल : पहली सीढ़ी

परिवार एक ऐसी इकाई है जिसमें प्यार ऐसा तेल होता है, जो तमाम मतभेदों को दूर कर देता है। यह ऐसा सीमेंट है जो सबको बाँधे रखता है, ऐसा संगीत है जो सबके बीच समन्वय बनाए रखता है।

—ईवा बोररोस

"बिट्टू, आज तुम थोड़ी देर के लिए रमन के घर चले जाना। मैंने उसकी मम्मी को फोन कर दिया है।"

"क्यों मम्मी ? आप कहीं जा रही हैं क्या ?"

"हाँ बेटा, नीतू आंटी की तबीयत खराब है। मैं उन्हें देखने अस्पताल जा रही हूँ और वहाँ तुम्हें नहीं ले जा सकती। मेरा अच्छा बेटा, सिर्फ दो घंटे की ही तो बात है। तुम रमन के साथ खेलते हुए बिता लोगे।"

"मम्मी, मुझे उसके घर जाना अच्छा नहीं लगता।"

"पर क्यों ?"

"उसके मम्मी-पापा हमेशा लड़ते रहते हैं। रमन बात-बात पर जिद करता है। एक दिन तो गुस्से में उसने काँच की टेबल तोड़ डाली थी। मैं वहाँ था, इस कारण आंटी ने उसे डाँटा नहीं। वैसे तो वह रोज ही किसी-न-किसी बात पर मार खाता है। उसका ध्यान पढ़ने में भी नहीं लगता। एक दिन स्कूल में टीचर ने उसकी जेब में सिगरेट देखी थी। उसके पापा बहुत बुरे हैं। मैं वहाँ नहीं जाऊँगा, मम्मी।"

बिट्टू बेशक अभी बारह वर्ष का है, पर वह भले-बुरे के बीच पहचान करना सीख गया है। अपने घर में मम्मी-पापा को आपस में हमेशा प्यार करते देखा है,

इसलिए वह भी खुश रहता है, पढ़ाई में भी सदैव आगे रहता है। सब उसकी प्रशंसा करते हैं। बिट्टू ने भी ठान लिया है कि वह अपने माता-पिता के सपनों को पूरा करेगा। वह विजेता बनेगा।

एक सुखद अनुभव

बच्चा और उसका बचपन अभिभावक के लिए एक सुखद अनुभव व अनमोल एहसास बन सकता है, बशर्ते वे उसे एक कर्तव्य की तरह न लेकर एक सुखद भावना की तरह लें। वे उसकी छोटी-छोटी बातों का आनंद उठाएँ और इन्हीं पलों को जीते हुए उसे खेल-खेल में या स्वयं उदाहरण बनते हुए जीवन से जुड़े विविध आयामों की जानकारी देते रहें। यह जानकारी उसकी आयु, उसकी मानसिक क्षमता व चीजों को ग्रहण करने की क्षमता के आधार पर ही दी जानी चाहिए।

बच्चे के आने के साथ जिम्मेदारियाँ भी बढ़ जाती हैं। उसे दिन-रात अपनी भावनात्मक आवश्यकताओं को पूरा करने के लिए माता-पिता के सहयोग की जरूरत होती है। यह निर्भरता उसमें माता-पिता के प्रति विश्वास व सुरक्षा की भावना जगाती है। बचपन में दिया गया प्यार व सुरक्षा वयस्क बनने पर अच्छे व सफल जीवन की मजबूत नींव की तरह साबित होते हैं। बच्चे का पालन-पोषण करना कर्तव्य है तो अपने बच्चे को एक विजेता की तरह दुनिया के सामने खड़ा करना किसी चुनौती से कम नहीं है, जिसमें खुशी के साथ-साथ गर्व भी सम्मिलित होता है। अभिभावक बच्चे के विकास का हिस्सा बनकर उसकी क्षमताओं का विकास करने में महत्त्वपूर्ण भूमिका निभा सकते हैं।

अपने माता-पिता पर बच्चा संवेगों की ऊष्मा प्राप्त करने, आंतरिक व बाहरी खतरों से बचने के लिए आश्रित रहता है। घर में अगर उसे स्वस्थ व खुशहाल माहौल नहीं मिलता तो इससे उसके शारीरिक व मानसिक विकास पर तो असर पड़ता ही है, साथ ही उसके व्यक्तित्व का पूर्ण विकास भी नहीं हो पाता है। वह विकास, जो जीवन में सफलता दिलाने व लक्ष्यों की प्राप्ति करने के लिए जरूरी होता है। स्वस्थ माहौल में रहकर बच्चों में चैंपियन बनने की अपनी कोशिशों को साकार रूप देने के लिए लगातार सीखने की उत्कंठा बनी रहती है।

सीखने की इच्छा स्वाभाविक

सीखने की इच्छा हर बच्चे में जन्मजात होती है। अंतर इतना है कि एक बच्चा दूसरे से हमेशा अलग होता है। हर बच्चे की अपनी एक अलग पहचान होती है। एक

जैसे वातावरण एवं परिवेश में पालन–पोषण होने के बावजूद भाई–बहन की सोच में अंतर होता है। सीखने की इस इच्छा को बढ़ावा व मूर्त रूप देने के लिए बेहतर परिवेश तो अनिवार्य है ही, साथ ही सही दिशा–निर्देशन भी जरूरी है; और यह निर्देशन माता–पिता से बेहतर और कौन दे सकता है?

मनोवैज्ञानिक संयुक्ता पात्रा के अनुसार, ''बच्चा हो या बड़ा, अगर वह कुछ भी सीखना चाहता है तो उसे कदम–कदम पर एक मार्गदर्शक की जरूरत अनुभव होती है। वयस्क तो अपने अनुभवों से सही राह का चयन कर भी लेते हैं, पर बच्चे को चलने के लिए जैसे उँगली का सहारा चाहिए होता है, वैसे ही एक लक्ष्य पाने के लिए सकारात्मक विचार व कँटीले पथों से बच निकलने की युक्ति भी चाहिए होती है।''

जन्म लेने के बाद से स्कूल जाने तक बच्चा अपने घर के सदस्यों के बीच ही रहता है। उनसे ही उसका संवाद व आदान–प्रदान होता है। तब उसकी दुनिया सीमित होती है। आरंभिक दिनों में वह जो देखता–सुनता है या चीजों को जिस तरह ग्रहण करता है, उसका असर जिंदगी भर रहता है और उसके सर्वांगीण विकास का आधार भी यही पृष्ठभूमि बनती है।

सीखने की इच्छा जीवन भर रहती है और इस प्रक्रिया में किसी भी तरह की शिक्षा या ज्ञान प्राप्त करने के लिए एक उत्कृष्ट परिवेश चाहिए होता है। वह इसलिए ताकि जब वह अपने लक्ष्य की ओर बढ़े या ज्ञान के विविध पहलुओं का अध्ययन करे तो उसके मन में जीत हासिल करने की आशा, माता–पिता और अध्यापकों का प्रोत्साहन और यह विश्वास कि उसके प्रयासों को सराहा जाएगा, उसे अवसरों को तलाशने के लिए उत्साहित करता है।

यह शिक्षा मात्र किताबी नहीं होती, बल्कि यह व्यावहारिक और जीवन में आने वाली चुनौतियों व संघर्षों से भी जुड़ी होती है। पहले परिवार में और फिर विद्यालय में, बच्चे को आकलन करने एवं अपनी क्षमताओं को व्यवहार में लाने का अवसर मिलता है। पर यह संभव तभी हो पाता है, जब उसे स्नेह भरा सुरक्षित वातावरण मिले, कार्यों में विफल होने पर साहस कर आगे बढ़ने की प्रेरणा मिले। जब बच्चे के सामने ऐसे माता–पिता का उदाहरण होता है, जो स्वयं संघर्षों से जूझकर निखरते हैं तो वह भी इस बात को जीवन में उतारने की कोशिश करता है।

बाधा न बनें

बचपन गीली मिट्टी के समान होता है। जिस साँचे में माता–पिता बच्चे को

ढालते हैं, वैसा ही उसे रूप और आकार मिल जाता है। एक बार जब गीली मिट्टी का ढाँचा बन जाता है तो वयस्क होते-होते वह सीमेंट की तरह पक्का व ठोस हो जाता है। संयुक्त परिवारों के विघटन और एक या दो बच्चों के चलन से अभिभावकों व बच्चों दोनों की परेशानियाँ बढ़ी हैं, क्योंकि जो स्वस्थ माहौल व आपसी प्यार बच्चों में दादा-दादी, चाचा-चाची व अपने भाई-बहनों के बीच रहकर पनपता था, वैसा माहौल निर्मित होना एकल परिवारों में संभव नहीं । दादा-दादी की कहानियाँ उनमें प्रोत्साहन और प्रेरणा के बीज बोती थीं और उनकी सुरक्षा की घनी छाँव में वह बीज अंकुरित होता था। ऐसी स्थिति में बच्चे का सर्वांगीण विकास भी सहजता से हो जाता था। माता-पिता को आधुनिक समय की तरह बहुत सारे जतन-प्रयत्न भी नहीं करने पड़ते थे।

जहाँ एक ओर सुविधाएँ बढ़ी हैं, वहीं अपेक्षाएँ भी तीव्र हुई हैं। ये अपेक्षाएँ अकसर बच्चे के लिए बाधा बन जाती हैं। बाधा या अधिक रोक-टोक कुंठा को जन्म देती है और विकास व कुछ करने की चाह अवरुद्ध हो जाती है। एक बाल-मनोवैज्ञानिक के पास एक पाँच वर्ष का बच्चा गया। उसे वहाँ बच्चों के बैठने के लिए कुर्सियाँ व खिलौने दिखाई दिए। उस महिला ने जब उसे उस पर बैठने व खिलौनों से खेलने के लिए कहा तो एक बार उसने माता-पिता को देखा और फिर कुर्सी पर बैठ गया। उस महिला ने पूछा, ''यह कुर्सी अच्छी है न ? तुम्हें मजा आया न ?'' तो खुशी से उस बच्चे की आँखें चमक उठीं ।

उसकी प्रतिक्रिया देख उसकी मम्मी ने बताया, ''यह खुश इसलिए है, क्योंकि तुमने इसे मनचाहा करने दिया। जब भी यह कुछ करना चाहता है तो मैं अकसर इसे मना करती हूँ, पर तुमने उसे खेलने के लिए कहा, इसलिए यह खुश है।''

बच्चा जब कुछ करना चाहे तो उसे करने दें। बस यह ध्यान रखें कि उसे चोट न लगे या अन्य किसी तरह से नुकसान न हो। उसे रोकने का अर्थ होता है उसके प्राकृतिक ढंग से सीखने की प्रक्रिया को बाधित कर उसे आगे बढ़ने से रोकना।

सुदृढ़ व्यवस्था

परिवार सामाजिक व पारिवारिक व्यवस्था की रीढ़ होता है। इसका सक्षम व सुदृढ़ होना बहुत जरूरी होता है, तभी परिवार एक सूत्र में बँध पाता है। यही शक्ति परिवार के हर सदस्य को समाज के प्रति अपना दायित्व निभाने, उसकी तरक्की में योगदान देते हुए उसे विजेता बनने को प्रेरित करती है। माता-पिता को बच्चे के सामने अपना उदाहरण पेश करना होगा; लेकिन एक उपदेशक या वक्ता की तरह

नहीं, बल्कि स्वयं सही सिद्धांत व आदर्शों का पालन करते हुए।

घर का सही माहौल और परिवार के हर सदस्य के बीच तारतम्य व समझदारी की भावना बच्चे के अंदर सकारात्मक विचारों का संचार करती है। शांत और प्रसन्नतापूर्ण वातावरण हर किसी को भाता है। झगड़े और कलह से मुक्त परिवेश ही तो सोचने की प्रक्रिया को पंख लगाता है और माता-पिता के प्यार भरे संबल को बच्चा अपने चारों ओर खड़ी मजबूत सुरक्षा की दीवारों की भाँति समझ जब अपने विकास-पथ पर आगे बढ़ता है तो आत्मविश्वास उसके साथ होता है, जो कदम-कदम पर बाधाओं को हटाता हुआ उसे विजेता के मंच पर ला खड़ा करता है।

बिट्टू विजेता बनने की राह पर अग्रसर है, क्योंकि पर्याप्त रूप से भोजन, नींद, खुली हवा एवं धूप मिलने के साथ-साथ उसे अपने अभिभावकों की भावनात्मक ऊर्जा, सहयोग व जुड़ाव भी मिल रहा है। स्वस्थ माहौल में अंकुरित उसके मन-प्राण एक स्वस्थ पौधा बनने के लिए प्रयासरत हैं।

यूँ बनाएँ स्वस्थ माहौल

- आपसी मतभेद हों तो भी अभिभावक बच्चे के सामने न झगड़ें। बच्चे इन झगड़ों को अपनी बात मनवाने का माध्यम बना लेते हैं।
- केवल माता-पिता बनकर न रहें, दोस्त बनकर रहें।
- सांत्वना व सहयोग बराबर दें। कठिन स्थिति में बच्चे को हाथ पकड़कर सहारा दें। लेकिन सही राह दिखाते हुए अगर हाथ झटकना पड़े या फटकारना पड़े तो झिझकें नहीं ।
- बच्चे से ऊँची आवाज में बात न करें। विवाद न करें और सिखाने के लिए अगर माता-पिता को स्वयं को बदलना पड़े तो तैयार रहें।
- धैर्य स्वस्थ माहौल निर्मित करने की पहली कड़ी है।

□

2

बच्चों की प्रतिभाओं का करें आकलन

मेरा मानना है कि जीवन एक यात्रा है। उसमें हमेशा कठिनाइयाँ आती हैं, कई बार हराने के लिए। लेकिन अगर हम अपनी प्रतिभाओं को समझ लें और उन्हें पल्लवित होने दें तो उनका सामना करने के लिए हम तैयार हो जाएँगे।

—ले ब्राउन

"ये क्या तुम सारा दिन पेंट-ब्रश लेकर बैठ जाते हो? घर और कपड़े तो गंदे करते ही हो, साथ ही समय भी बरबाद करते हो। अगर यही समय पढ़ने-लिखने में लगाओ तो परीक्षा में अच्छे अंकों में उत्तीर्ण हो सकते हो।'' माँ ने दस वर्षीय हेमंत को डाँटा। फिर उससे सारा सामान छीनते हुए उसे स्टडी टेबल तक खींचकर ले गई।

''चलो पढ़ो।''

हेमंत सिर झुकाकर पढ़ने अवश्य लगा, पर उसे समझ कुछ भी नहीं आ रहा था। पढ़ना उसे अच्छा लगता है, पर हमेशा नहीं। लेकिन पेंटिंग करना उसे बेहद पसंद है। कागज पर रंग भरते हुए उसके अंदर उत्साह का संचार होता था। स्कूल में पेंटिंग कंपटीशन में वह कई पुरस्कार भी जीत चुका था और क्लास में टीचर को जब भी कोई चार्ट या पोस्टर तैयार करना होता तो हेमंत की मदद लेती थीं। पर उसकी मम्मी को पेंटिंग करना समय खराब करना लगता था।

धीरे-धीरे घर से प्रोत्साहन न मिलने के कारण पेंटिंग करने में उसकी रुचि कम अवश्य हो गई, पर इसका असर उसके व्यक्तित्व पर पड़ा। उसकी एकाग्रता में कमी

आ गई और वह बात-बात में झुँझलाने लगा। एक पौधे को जिस खुली हवा, उपयुक्त खाद और खुले वातावरण की आवश्यकता होती है, अगर वह न मिले तो उसे मुरझाते देर नहीं लगती। इसी तरह अगर बच्चे की प्रतिभाओं की उपेक्षा की जाती है तो उसके व्यक्तित्व के एक महत्त्वपूर्ण पहलू का विकास ठीक से नहीं हो पाता है और वह अपने मन में अनेक तरह की ग्रंथियाँ पाल लेता है।

बच्चे के अंदर उपजी ये प्रतिभाएँ बेशक जन्मजात न हों, पर फिर भी इन्हें ईश्वरीय देन भी माना जाता है। तभी तो 10-12 साल के बच्चे कविता लिखने लगते हैं। अगर लेखन में उनके रुझान को देख अभिभावक उनकी इस प्रतिभा को उभारने में उनकी मदद करते हैं तो निस्संदेह वह बच्चा बड़ा होकर एक अच्छा लेखक अथवा कवि बन सकता है।

जरूरी है समझना उसकी रुचियों को

बचपन से किशोरावस्था तक जाने की प्रक्रिया एक ऐसा पड़ाव है, जिसमें हर स्तर पर परिस्थितियों के साथ बदलाव आते हैं। ऐसे में उनके शौक, आदतें व रुचियों में भी अंतर आता है। लेकिन उसके अंदर कोई एक ऐसी रुचि अवश्य होती है, जिसके माध्यम से वह अपने व्यक्तित्व को बेहतर ढंग से तराश सकता है। बेशक हर बच्चा विश्व प्रसिद्ध वैज्ञानिक, कलाकार या खिलाड़ी आदि नहीं बन सकता, पर उसकी प्रतिभाओं का सही तरह से आकलन कर अभिभावक उसे सही माहौल व पर्याप्त मार्गदर्शन दें तो वह किसी भी क्षेत्र में अपना एक मुकाम अवश्य बना सकता है।

यही नहीं, अभिभावक या वयस्क यह पता लगाकर कि बच्चा किस काम में पारंगत है, उसे जीवन और स्थितियों को सकारात्मक ढंग से देखने के लिए तैयार कर सकते हैं। बच्चा जब यह महसूस करता है कि वह किसी चीज में दक्ष है तो उसके अंदर आत्मविश्वास जाग्रत् होता है। बड़े बच्चों को सफल बनाने और उन्हें अपने बारे में अच्छा सोचने में मदद करके तथा उनके लिए अवसर जुटाकर उनकी प्रतिभाओं को उभारने में महत्त्वपूर्ण भूमिका निभा सकते हैं।

अंतर पड़ता है

एक बार की बात है। एक व्यक्ति हमेशा लिखने के लिए समुद्र के किनारे जाता था। लिखना शुरू करने से पहले समुद्र-किनारे पर घूमने की उसकी आदत थी। एक दिन ऐसे ही वह घूम रहा था कि तभी उसे एक मानव-आकृति दिखाई दी, जो

किसी नर्तक की तरह हिल रही थी। उसे यह देखकर हैरानी हुई कि आखिर कौन समुद्र किनारे खड़ा हो नाच रहा है! जब वह उस व्यक्ति के नजदीक पहुँचा तो देखा कि वह नाच नहीं रहा था, वरन् कुछ उठा-उठाकर समुद्र में फेंक रहा था। उसकी वही मुद्रा दूर से नृत्य के समान लग रही थी। पास जाने पर समझ आया कि वह 'स्टारफिश' को समुद्र में फेंक रहा था। उसने पूछा कि वह ऐसा क्यों कर रहा है, तो उसने जवाब दिया कि 'सूरज चढ़ आया है और लहरें उठ रही हैं। अगर मैंने इन्हें नहीं फेंका तो ये मर जाएँगी।'

तब उस व्यक्ति ने कहा कि 'ऐसी तो हजारों स्टारफिश हैं, तुम कितनों को बचा पाओगे? कोई फर्क नहीं पड़नेवाला तुम्हारी मेहनत से।' उस व्यक्ति ने उसकी बात सुनी और पुन: एक स्टारफिश को फेंकने लगा। फिर बोला, 'इससे कोई फर्क नहीं पड़ता कि मैं कितनी स्टारफिशें बचा पाता हूँ; लेकिन मैं अपना कर्तव्य ईमानदारी से करूँ, इसी में मुझे संतोष हासिल होगा।'

इसके लिए वे उसे किसी कोचिंग सेंटर में भेज सकते हैं। यही नहीं, वह जो भी सीख रहा है, उसमें बराबर से रुचि लें, उसके प्रयासों की सराहना करें तथा उसे और बेहतर करने के लिए प्रोत्साहित करें। उसकी प्रतिभा केवल एक दायरे में ही सीमित होकर न रह जाए, इसलिए उसे अपनी प्रतिभा का प्रदर्शन करने के लिए मंच प्रदान करें। इससे उसके मन में आत्मविश्वास के बीज अंकुरित होंगे, जो बच्चे के प्रयासों व आपके सहयोग से पल्लवित होंगे।'' ऐसा मानना है डॉ. स्वाति का।

उपलब्धियों की सराहना करें

बच्चे के हर प्रयास की सराहना करें, लेकिन उनसे अत्यधिक अपेक्षाएँ न रखें। ऐसा करने पर बच्चे के किसी काम में पूरी तरह से सफल न होने पर आपको निराशा होगी, जो चाहे-अनचाहे बच्चे तक भी पहुँचेगी। इस तरह उसके आत्मविश्वास को चोट पहुँच सकती है। यह समझना आवश्यक है कि हर बच्चा जीनियस नहीं होता, पर उसमें अपनी तरह की काबिलीयत होती है। ज्यादा उम्मीदें रखने की बजाय उसकी उन्हीं प्रतिभाओं को सही दिशा दें। उसके सपनों को साकार करने में उसकी मदद करें।

जो वह करना चाहता है, उसे वही करने दें, उस पर अपनी इच्छाएँ न थोपें। इस तरह वह मन से उस काम को करेगा और हो सकता है, आगे चलकर उसे ही वह अपना कैरियर बना ले। हो सकता है, आपके बच्चे को ऊँची जगह पर चढ़ना पसंद हो तो उसे माउंटेन क्लाइंबिंग सिखा सकते हैं। या उसे भाषा सीखना अच्छा लगता

हो। तात्पर्य यह है कि वातावरण बनाने के साथ उसकी प्रतिभाओं को सँवरने का मौका दें। वह जो भी करे, उसकी प्रशंसा करें। लक्ष्य प्राप्त करने में उसकी मदद करें। उसे यह यकीन दिलाएँ कि आपको विश्वास है कि वह अपने प्रयासों में सफल अवश्य होगा। आपकी इसी सराहना के बल पर वह उन्नति की राह पर आगे बढ़ता जाएगा।

केवल प्यार, प्रशंसा, निरंतर दिए जानेवाले प्रोत्साहन व सहयोग द्वारा ही आप अपने बच्चे की रचनात्मकता को पूरी तरह से विकसित कर सकते हैं।

कैसे दें उसकी प्रतिभा को दिशा

- एक अभिभावक होने के नाते आप अपने को बच्चे के मार्गदर्शक, पालक व एक सुरक्षा कवच की तरह समर्पित करें। और अपनी मदद से बच्चे को दुनिया में विभिन्न चीजों की खोज करने दें।
- उसकी उम्र, व्यक्तित्व व रुचि के अनुसार उसकी प्रतिभाओं को समझ उन्हें बढ़ावा दें। लेकिन अपने लक्ष्यों व सपनों को पूरा करने का उसे माध्यम बनाने की बजाय उसकी इच्छाओं का सम्मान करें।
- किन स्थितियों में वह बेहतर ढंग से कार्य कर पाता है, उन्हें जानकर उसके लिए एक अच्छा वातावरण निर्मित करें। परिवार का सहयोग उसे नई-नई जानकारी एकत्र करने एवं निरंतर उत्सुकता बनाए रखने में मदद करता है। यही उत्सुकता और कुछ करते रहने का प्रयास उसकी प्रतिभाओं को सँवारने में सहायक होगा।
- उसकी रुचि को समझते हुए उस विषय से संबंधित विशेषज्ञ या टीचर उसके लिए नियुक्त करें या विशेष कोर्स में उसका दाखिला कराएँ। इस तरह अधिक जानकारी हासिल करने के उसे अवसर मिलें।

□

3

कमियों का भी ज्ञान कराएँ

एक ऐसे आम पत्थर की तुलना में, जो कहीं से भी टूटा या खराब नहीं है, निशानयुक्त या किसी कमीवाला हीरा ज्यादा बेहतर है।

—चीनी कहावत

"मेरा बेटा तो इतना समझदार है कि हर काम तरीके से करता है। किसी बात के लिए टोकने की उसे जरूरत ही नहीं पड़ती। सबसे अच्छी बात तो यह है कि जब भी मैं उसे कुछ समझाती हूँ तो वह तुरंत बात मानकर अपने व्यवहार में सुधार कर लेता है। यही वजह है कि आज वह हर किसी का प्रिय है। छोटे-बड़े हर कोई उससे बात करने को, उसे प्यार करने को लालायित रहते हैं।" अपने 5 वर्षीय बेटे की प्रशंसा व उसके छोटे-से-छोटे काम की सराहना करते हुए उसकी माँ के चेहरे पर जहाँ चमक आ गई थी, वहीं उसकी आँखों में गर्व का भाव भी था।

"आंटी, नेहा ने आज मेरी बहन को मारा।" 14 वर्षीय निकिता ने नेहा की मम्मी से शिकायत की तो वह झट से बोलीं, "नेहा ऐसा कर ही नहीं सकती। खेल-खेल में लग गई होगी; और अगर इतनी ही नाजुक है तुम्हारी बहन तो उससे कहो कि वह खेला न करे।"

जब नेहा की मम्मी ने उसकी गलती पर न तो उसे डाँटा और न ही यह एहसास कराया कि मिल-जुलकर खेलना चाहिए और मारना अच्छी बात नहीं, तो उसकी हिम्मत बढ़ गई और वह हर किसी पर हाथ उठाने लगी। हालाँकि वह बहुत ही प्यारी बच्ची थी, पर उसकी मम्मी ने चूँकि उसकी गलतियों और कमियों का उसे एहसास ही नहीं कराया, इसलिए वह सही-गलत के बीच अंतर करना सीख ही नहीं पाई।

नतीजतन बाकी बच्चों ने उसके साथ खेलना ही छोड़ दिया और 'गंदी बच्ची' का विशेषण उसके साथ जुड़ गया।

न करें नजरअंदाज

यह सोचकर कि बच्चा छोटा है और समय के साथ सबकुछ सीख जाएगा, उसकी गलतियों को, फिर चाहे वह बड़ी हों या छोटी, नजरअंदाज न करें। उसकी कमियों के बारे में अगर आप उसे सचेत नहीं करेंगे या गलती करने पर उसे टोकेंगे नहीं तो वह जानेगा कैसे कि क्या गलत है और क्या सही? और वह उसी व्यवहार को दोहराता रहेगा। नेहा की मम्मी अगर यह समझातीं कि मारना या लड़ाई-झगड़ा करना गलत है तो वह अगली बार ऐसा नहीं करती और न ही अकेलेपन का शिकार होती।

हर माता-पिता अपने बच्चे से प्यार करते हैं और इसी प्यार की खातिर अकसर वे उसकी कमियों को नजरअंदाज कर जाते हैं। जब तक उन्हें इस बात का एहसास होता है, बहुत देर हो चुकी होती है। दूसरे लोग जब उनके बच्चों के बारे में कुछ कहते हैं तो वे उनसे झगड़ने लग जाते हैं। वे यही मानते हैं कि उनका बच्चा कभी कोई गलती कर ही नहीं सकता। यहाँ तक कि वे उन लोगों से बात करना तक बंद कर देते हैं। परिणामत: उनके बच्चे द्वारा गलती करने पर फिर कोई आकर उन्हें बताता नहीं और बच्चा निर्भय हो जाता है। माँ-बाप से मिलती शह उसे समझने ही नहीं देती कि उसका व्यवहार कितना गलत है। इस तरह वह समाज के नियमों को भी बड़ी जल्दी ताक पर रखने लगता है और धीरे-धीरे सामाजिकता का निर्वाह करना तक जरूरी नहीं समझता।

न आए हीन भावना

उसकी कमियों का एहसास कराते हुए यह अवश्य ध्यान रखें कि इससे उसके अंदर किसी तरह की हीन भावना न आए, बल्कि एक सहज प्रक्रिया की तरह आपको उसे समझाना होगा। उसे यह न लगे कि उसका उपहास उड़ाया जा रहा है। जिस तरह उन्हें अपनी अच्छी आदतों के बारे में पता होता है, उसी तरह अपनी कमजोरियों और कमियों के बारे में भी पता होना चाहिए। इसके बारे में अभिभावक ही उन्हें बता सकते हैं। उनके लिए यह जानना आवश्यक है कि अपने व्यक्तित्व के किस पहलू पर उन्हें ज्यादा मेहनत करनी है, ताकि वह निखर उठे और किसी को भी उनसे शिकायत न हो। बस केवल इस बात को लेकर सतर्क रहें कि अपनी कमी को वह अपनी असफलता न माने।

कोई भी व्यक्ति पूरी तरह से परफेक्ट नहीं होता है, पर कमियों को दूर करने का हर-संभव प्रयास अवश्य किया जा सकता है। जीवन हालाँकि किसी कठोर अध्यापक से कम नहीं है और हर तरह के पाठ सिखा देता है; लेकिन बच्चा जब तक बड़ा नहीं होता तब तक उसके लिए जीवन की बारीकियों को समझना मुश्किल होता है। बच्चे बिना अपनी गलती समझे मनमानी करते रहते हैं, क्योंकि वे उनसे उत्पन्न परिणामों से अनभिज्ञ होते हैं।

खुले मन से स्वीकारें

अगर उन्हें समय रहते ही उनकी कमियों का बोध करा दिया जाए तो वे असफल होने के भय से भी मुक्त हो जाते हैं। अपनी कमियों व गलतियों को सुधारने से सफलता की राह पर कदम बढ़ाना आसान हो जाता है। तब अपना ज्ञान बढ़ाने के लिए वह नई-नई चीजों को जानने, अनुभव करने व आजमाने से भी घबराता नहीं है। पर अभिभावकों के लिए यह जानना भी आवश्यक है कि उसकी कमियाँ क्या हैं? वह कहाँ गलती पर है? छोटे भाई को चिकोटी काट लेना या बहन की किताब फाड़ देना उसकी कमियों में नहीं गिना जाना चाहिए।

10 वर्ष की कम उम्र के बच्चे स्पंज की तरह होते हैं। वे अपने आसपास घटने वाली हर चीज को अपने अंदर सोख लेते हैं और यही प्रक्रिया उनकी मानसिकता को गढ़ती है। बाल-मनोवैज्ञानिक मानते हैं कि बहुत ही कम उम्र में स्वाभाविक रूप से बच्चे सही और गलत की सीमाओं को परखने लगते हैं, ताकि जान सकें कि क्या करके वे बच सकते हैं या गलती करने पर किस तरह बाहर निकल सकते हैं।

एक अभिभावक के लिए अपने बच्चों को यह कहना कि वे क्या करें और क्या न करें, बड़ा आसान होता है; पर अध्ययनों से यह बात सामने आई है कि जो अभिभावक सीमा तय करने की महत्ता को समझते हैं, उनके बच्चे बड़े होकर कम विद्रोही बनते हैं। उनकी कमियों के लिए हाथ उठाने से बेहतर है एक सकारात्मक दृष्टिकोण रखते हुए प्रभावी ढंग से उन्हें समझाना। बच्चे को अभिभावक तभी सही राह दिखा सकते हैं, अगर वे खुले मन से उसकी कमियों व गलतियों को स्वीकारें। उनके स्वीकारने से ही वे किसी समाधान तक पहुँच पाएँगे।

सफलता व असफलता दोनों को स्वीकारना सिखाएँ

आजकल बहुत जल्दी ही बच्चों के जीवन में एक प्रतियोगिता आरंभ हो जाती है। पहले बच्चे स्कूल सीखने के लिए जाते थे, लेकिन आज स्कूल में एडमिशन लेने

के लिए उनसे पहले से ही अपनी बाल-बुद्धि से अधिक सीखने की अपेक्षा रखी जाती है। इस वजह से बच्चे निरंतर न सिर्फ कामयाब होने के लिए ही प्रयत्नशील रहते हैं, वरन् उन्हें अनेक परीक्षाओं से भी गुजरना पड़ता है। उनका आत्मसम्मान सफलता व असफलता का बैरोमीटर बन जाता है। अभिभावकों का दायित्व है कि वे बच्चों का मार्गदर्शन करें, ताकि वे अपनी सफलता के साथ-साथ अपनी असफलता व कमियों को भी सीखने की एक प्रक्रिया का हिस्सा मानकर उन्हें सकारात्मक ढंग से लें।

जब बच्चा चीजों को सकारात्मक ढंग से लेता है तो अपने आपको सुधारने का प्रयास तो वह करता ही है, साथ ही लक्ष्य साधकर उसके अनुसार कार्य भी करता है। इस तरह अपनी क्षमताओं के प्रति उसका विश्वास भी बढ़ता है और वह समाज में रहने के तौर-तरीकों को भी सीख लेता है। किसी के साथ भी सामंजस्य बिठाने में तब उसे दिक्कत नहीं आती है।

अंग्रेजी विषय में अच्छे नंबर आने पर माता-पिता यह कह सकते हैं कि चूँकि उसने अच्छी तरह से तैयारी की थी, इसलिए अच्छे अंक आए हैं। इसके विपरीत किसी दूसरे विषय में अंक कम आने पर यह बताना भी आवश्यक है कि उसकी तैयारी ठीक ढंग से नहीं हुई थी। इस तरह बच्चा जान जाएगा कि उसमें अच्छा करने की तो क्षमता है, पर प्रयासों में कमी होने के कारण वह सफल नहीं हो पाया।

कमी सब में होती है, गलती भी सभी से हो जाती है; पर गलतियों से जो नहीं सीखते, वे जिंदगी की हर लड़ाई में हार जाते हैं। उनके विजेता बनने की संभावनाएँ ही नहीं, अवसर भी खत्म हो जाते हैं। गीली मिट्टी की तरह जिस भी आकार में ढल जानेवाले बच्चों की सोच उनकी उम्र के हिसाब से जब तक परिपक्व नहीं होती और उन्हें सही-गलत की पहचान करनी नहीं आती, तब तक तो अभिभावक को ही उन्हें सही ढंग से रोपना होगा।

जीवन बनता है सुंदर

एक समय की बात है, पानी ले जानेवाले एक व्यक्ति के पास दो घड़े थे। दोनों को वह एक रस्सी पर अपने दोनों कंधों पर टाँगता था। एक घड़े में छोटा सा छेद था, जबकि दूसरा घड़ा बिलकुल साबुत था। वह व्यक्ति जब झरने से पानी भरकर अपने मालिक को पहुँचाने जाता तो उस तक छेदवाले घड़े का आधा पानी ही पहुँच पाता था। दो साल तक रोज वह अपने मालिक को इसी तरह डेढ़ घड़ा पानी पहुँचाता रहा। साबुत घड़े को अपने ऊपर बहुत घमंड था, पर टूटे घड़े को अपने ऊपर बहुत शर्म आती थी। एक दिन उसने अपने मालिक से कहा, ''आपको मेरी वजह से

आपकी मेहनत का पूरा पैसा नहीं मिलता है, इसके लिए मैं बहुत शर्मिंदा हूँ। पिछले दो सालों से मेरे कारण आप केवल आधा पानी ही अपने मालिक तक पहुँचा पा रहे हैं। आधा पानी तो रास्ते में ही टपकता रहता है। मेरी कमी की वजह से आपका नुकसान हो रहा है।''

उस व्यक्ति को घड़े पर दया आई और बोला, ''मैं चाहता हूँ कि जब हम मालिक के घर से लौटें तो तुम रास्ते के किनारे पर उगे सुंदर फूलों को देखो। लौटते वक्त उस टूटे घड़े को फूल दिखाई दिए। वह उन्हें देखकर खुश हुआ, पर अगले ही पल अपनी कमी के बारे में सोच मायूस हो गया। यह देख वह व्यक्ति बोला, ''क्या तुमने ध्यान दिया कि सिर्फ तुम्हारी ओर ही वे फूल खिले हैं, दूसरे घड़े की ओर नहीं? ऐसा इसलिए क्योंकि मैंने तुम्हारी कमी का फायदा उठाया और उस तरफ बीज बो दिए। इन्हीं फूलों को मैं रोज ले जाकर अपने मालिक के घर में सजाता हूँ। दो सालों से तुम्हारी वजह से इन्हें पानी मिल रहा है। तुम्हारे बिना मैं मालिक के घर को फूलों से सजा नहीं पाता।''

इसका मतलब है कि हम सब में अनोखी कमजोरियाँ होती हैं। हम सब टूटे हुए घड़े की भाँति होते हैं। यह कमी हमारे जीवन को दिलचस्प, सुंदर व योगदान देने के काबिल बनाती है।

क्या करें

- सबसे पहले हम बच्चों से जिस तरह के व्यवहार की अपेक्षा रखते हैं, खुद वैसा ही आचरण करें। अगर हम गलती करें तो उसे मानें।
- बच्चों की कमी के लिए उन्हें नीचा दिखाने या सजा देने के बजाय उन्हें उसमें सुधार करने के लिए कहें। साथ ही उन्हें यह भी बताएँ कि सुधार कैसे किया जा सकता है।
- परफेक्शन की जगह उनसे काम को सही ढंग से करने की उम्मीद रखें। कल जो किया था, उससे बेहतर आज करने की संभावना हमेशा बनी रहती है।
- उनकी कमियों के बारे में बात करते हुए उनकी तुलना दूसरे बच्चों से न करें। इस तरह वह हतोत्साहित हो जाएगा और अपने में सुधार लाने के बजाय सबसे मुँह छिपाएगा।
- अपनी कमियों से उन्हें विकसित होने का मौका दें, न कि बिखरने का।

☐

4

करें प्रोत्साहित

दुनिया में सबसे अनमोल उपहार है प्रोत्साहन का। जब आपको कोई प्रोत्साहित करता है तो वह व्यक्ति आपको उस मुकाम तक पहुँचा देता है, जहाँ आप खुद कभी नहीं पहुँच पाते।

—जॉन ओ डोनोह्यू

असफलता के समय में प्रोत्साहन का एक शब्द सफलता के बाद की जानेवाली एक घंटे की प्रशंसा से कहीं अधिक मूल्यवान् होता है।

—अज्ञात

"मम्मी, इस बार मैं फिर से बैडमिंटन मैच हार गई। मुझे नहीं लगता कि मैं कभी जीत पाऊँगी। इतनी प्रैक्टिस करने के बाद भी कोई फायदा नहीं होता!" अपने बैडमिंटन के रैकिट को पलंग पर फेंकते हुए 10 वर्षीय पल्लवी ने लगभग सिसकते हुए कहा।

"और प्रैक्टिस करो। आज ही मैं तुम्हें स्पोर्ट्स क्लब की मेंबर बनवा देती हूँ। वहाँ जाकर भी तुम कोचिंग लेना।"

"रहने दो मम्मी, बेकार पैसा मत खराब करो। मैं जीत ही नहीं सकती।" पल्लवी को इस तरह मायूस होते देख उसकी माँ को आश्चर्य हुआ।

"खबरदार, ऐसी बातें मन में कभी मत लाना। मेहनत और कोशिश करने से हार को जीत में बदलते देर नहीं लगती। मुझे पूरी उम्मीद है कि तुम अवश्य जीतोगी।"

और हुआ भी ऐसा। माँ के प्रोत्साहन व प्रेरणा से पल्लवी ने राज्य स्तर के मैच भी जीते।

आलोचना सबसे बड़ी बाधा

हम सभी जानते हैं कि बच्चों के किए काम की प्रशंसा और उन्हें प्रोत्साहित करना कितना जरूरी होता है। जैसे-जैसे बच्चे बड़े होते हैं और नई-नई चीजें सीखते हैं, वैसे-वैसे उनके मन में चाह पनपती है कि उनके द्वारा किए गए कार्यों की दूसरे लोग सराहना करें। सकारात्मक प्रोत्साहन मिलने से ही वे अपने बारे में एक संतुलित व स्वस्थ राय कायम कर पाते हैं, जिसकी वजह से सही व गलत के बीच निर्णय करने में उन्हें आसानी रहती है। आलोचना प्रगति व सकारात्मक विकास की राह में सबसे बड़ी बाधक है।

बच्चे बहुत ही संवेदनशील होते हैं, इसलिए अगर बार-बार उनके काम में गलतियाँ ढूँढ़ी जाती हैं तो वे हतोत्साहित हो जाते हैं। वे वयस्कों से मार्गदर्शन की उम्मीद रखते हैं, आलोचना की नहीं । अगर उन्हें प्यार से समझाया जाए और उनके आत्मविश्वास को आहत किए बिना उन्हें सही दिशा-निर्देश दिया जाए तो कोई वजह नहीं कि वे अपने लक्ष्यों में सफल न हों।

प्रेरणास्रोत बनें

बच्चे स्पंज की तरह होते हैं। हम जो भी कहते हैं, उसे वे तुरंत ग्रहण कर लेते हैं और अपने दिल से लगा लेते हैं। सच तो यह है कि बच्चे निरंतर एक सहमति की तलाश में रहते हैं। हम ही उनकी आशाओं के प्रेरणास्रोत बनकर उनके अंदर आशावादी दृष्टिकोण का संचार कर सकते हैं। अपने प्रयासों व सही-गलत के बीच निर्णय करने में प्रोत्साहन के शब्द पाकर बच्चे लक्ष्य की ओर अपना ध्यान केंद्रित कर पाते हैं। बच्चे को यह जतलाना आवश्यक है कि आप जानते हैं कि उसने किसी काम को करने में कितनी मेहनत की है। बच्चे जब यह महसूस करते हैं कि उनके प्रयासों में कमी रह जाने के बावजूद उनके कार्य की कद्र की जा रही है तो उनके अंदर काम को और बेहतर ढंग से करने की भावना जाग्रत् होती है। अगर किसी बच्चे को यही कहा जाता रहेगा कि वह किसी भी काम को ठीक ढंग से नहीं कर सकता या उससे तो किसी तरह की उम्मीद रखना ही बेकार है, तो वह कैसे अपने जीवन में सफलता हासिल कर चैंपियन बन पाएगा? अपने बच्चों की इच्छाओं के बारे में सुनें, उन्हें प्रोत्साहित करें और उन्हें अपने निर्णय खुद लेने की आजादी दें।

क्षमताओं पर करें विश्वास

''हमें तुम पर विश्वास है,'' ''तुममें योग्यता है,'' ''महत्त्व यह रखता है कि तुमने कोशिश की।'' ''तुम दुबारा प्रयास करो, अवश्य ही सफल होगे,'' ''तुम्हारा योगदान मेरे लिए बहुत मायने रखता है,''—आदि वाक्य अगर माता-पिता या अध्यापक बच्चों से कहते हैं तो निस्संदेह उनकी सोच तो सकारात्मक होगी ही, साथ ही उन्हें आगे बढ़ने से फिर कोई बाधा रोक भी नहीं पाएगी।

एक बार किसी उपदेशक वक्ता की मुलाकात 11 वर्ष के एक बच्चे से हुई, जो अपनी माँ के साथ उसका भाषण सुनने आया था। उस व्यक्ति ने उसकी आँखों में देखते हुए कहा कि मुझे साफ दिखाई दे रहा है कि तुम विजेता हो। कुछ समय बाद उस व्यक्ति को उस बच्चे का एक पत्र मिला, जिसमें उसने लिखा था कि कैसे उनसे मिलने के बाद उसकी जिंदगी बदल गई है। उसे ऐसा लगता है जैसे उसके नंबर अच्छे आने लगे हैं, उसके टीचर उसके साथ ज्यादा अच्छा व्यवहार करने लगे हैं और उसके मित्रों की संख्या भी बढ़ गई है। आखिर में उसने लिखा था कि मुझे लगता है कि मैं विजेता बनूँगा। क्या बच्चे के जीवन में अचानक परिवर्तन आ गया था? क्या वह अचानक बहुत समझदार हो गया था? नहीं । केवल एक परिवर्तन आया था कि जिस व्यक्ति की वह इज्जत करता था, उसके मुँह से प्रोत्साहित करनेवाले शब्द सुनकर वह चीजों को नए ढंग से देखने लगा था। उस एक पल ने उसके अंदर एक परिवर्तन ला दिया था। बच्चों में बड़े-बड़े काम करने की क्षमता होती है। उन्हें केवल प्रोत्साहन की जरूरत होती है। इस आश्वासन की जरूरत होती है कि लोग उनकी क्षमताओं पर यकीन करते हैं।

सीखने का अवसर दें

बच्चों में आत्मविश्वास की कमी होना या हमेशा यह लगना कि वे काम ठीक से कर ही नहीं सकते, इसके लिए अभिभावक ही जिम्मेदार होते हैं। क्योंकि वे ऐसा वातावरण उन्हें देते हैं, जिसमें वे बच्चे को केवल हतोत्साहित ही करते हैं। न तो उनके सामने कोई आदर्श रख पाते हैं और न ही अपने कामों से उन्हें प्रेरित कर पाते हैं। अगर अभिभावक ही निराश रहेंगे तो बच्चों को कैसे प्रोत्साहित कर पाएँगे?

यह एक बहुत ही अजीब बात है कि जब बच्चा आपकी मदद करना चाहता है तो उसे यह कहकर कि वह अभी छोटा है और काम बिगाड़ देगा, उसे डाँटकर भगा दिया जाता है। और जब अभिभावकों को लगता है कि अब वह इतना बड़ा हो गया है कि उसकी मदद ली जा सके तो तब तक बच्चे की दिलचस्पी ही खत्म हो जाती है,

यानी कि सीखने के अवसर ही हम उसके हाथ से छीन लेते हैं। अगर दूध उसके हाथ से गिरेगा, तभी तो वह सीखेगा कि उसे कैसे साफ करना है। छोटा बच्चा भी मेज साफ कर सकता है, मेज पर प्लेटें लगा सकता है—और यही छोटी-छोटी गतिविधियाँ उसके अंदर कुछ कर पाने तथा अपने ऊपर गर्व करने की भावना भरती हैं। साथ ही उसमें मिल-जुलकर काम करने व सहयोग की भावना का विकास होता है।

प्रयास करना है जरूरी

एक बार मेढकों का एक समूह जंगल में घूम रहा था कि अचानक दो मेढक एक कुएँ में गिर गए। सारे मेढक कुएँ के चारों ओर खड़े हो गए। जब उन्होंने नीचे झाँका तो उसकी गहराई देखकर उन दोनों मेढकों से बोले कि अब मरने से उन्हें कोई नहीं रोक सकता। दोनों मेढक उनकी बात अनसुनी कर बाहर आने के लिए छलाँग लगाने लगे। वे जितना प्रयास कर सकते थे, करते रहे। पर बाहर खड़े मेढक यही कहते रहे कि तुम दोनों अब नहीं बचोगे। आखिरकार एक मेढक को उनकी बात सही लगी और उसने प्रयास करना छोड़ दिया और कुछ पल बाद वह मर गया।

दूसरा मेढक प्रयास करता रहा। बाहर खड़े मेढक फिर चिल्लाए कि इस तरह दर्द सहने से तो अच्छा है कि तुम प्राण त्याग दो। लेकिन वह मेढक प्रयास करता रहा और आखिरकार बाहर आ गया।

सारे मेढकों को बहुत हैरानी हुई। और जब उससे पूछा कि आखिर यह संभव कैसे हुआ, तो उसने इशारे से बताया कि वह बहरा है और उसे लगा कि सब उसे कह रहे हैं कि हिम्मत मत हारो, कोशिश करो। शब्दों में इतनी ताकत होती है कि वह विपरीत स्थितियों में भी हौसले को बुलंद बनाए रखती है।

सही-गलत का अंतर समझाएँ

प्रशंसा व प्रोत्साहन के बीच अंतर होता है। यही वजह है कि अकसर प्रशंसा को प्रोत्साहित करना समझ लिया जाता है। अगर प्रशंसा बहुत ज्यादा हो जाए तो बच्चा समझने लगता है कि वह कुछ भी कर सकता है, और इस तरह अधिक आत्मविश्वास के चलते वह लक्ष्य से भटक जाता है। दूसरी ओर यह भी होता है कि उसको हमेशा यह डर भी लगा रहता है कि अगली बार कहीं वह अपने माता-पिता की अपेक्षाओं पर खरा नहीं उतर पाया तो क्या होगा? इस तरह वह पिछड़ने लगता है। गलती हो जाने पर कार्य को सही तरह से करने और हिम्मत न हारने के लिए प्रेरित करना एक बात है, पर सही-गलत का अंतर समझाए

बिना सिर्फ उसे खुश करने के लिए प्रशंसा करना दूसरी बात है। इससे असफल होने का डर उसे कुछ करने ही नहीं देगा।

प्रोत्साहन अधूरे रह गए कार्यों के प्रयास से जुड़ा होता है। परिणाम नही, वह प्रक्रिया का हिस्सा होता है। बच्चों को सही आकार देने में, उसे सही सोच की धरती देने में प्रोत्साहन एक औजार की तरह काम करता है, जिसके प्रयोग से आप बच्चे को खुश, स्वस्थ व जिम्मेदार बना सकते हैं। उसके अंदर नई-नई चीजों को करने का उत्साह होता है। उन्हें बार-बार तब तक उसे करने दें, जब तक वह सफल न हो जाए और इस दौरान उसे यकीन दिलाएँ कि उसके अंदर उसे करने की क्षमता है।

क्या करें

- **सही ढंग से अपनी बात रखें :** बच्चे के लिए इतना सुनना ही काफी होता है कि उसने अच्छा कार्य किया है। लेकिन अगर उसके खिलौने रखने पर कहें कि मुझे तुम्हारा खिलौनों को रखने का अंदाज पसंद आया तो उसकी खुशी का ठिकाना नहीं रहेगा।
- **बच्चे को छुएँ :** अपनी बात कहते हुए अपने बच्चे को छुएँ अवश्य। बच्चे शारीरिक संपर्क में आने को लालायित रहते हैं। उनकी प्रशंसा करते हुए उन्हें सीने से लगाएँ, कंधे थपथपाएँ या सिर पर हाथ रखें। इस तरह एक सकारात्मक संदेश उन तक पहुँचेगा।
- **गलतियों को पछतावा न बनाएँ :** उन्हें सिखाएँ कि गलतियाँ होना कोई बुरी बात नहीं है, बल्कि सीखने की प्रक्रिया में वे अनिवार्य हैं। अपनी गलतियों को बच्चों के साथ शेयर करें।
- **सुधारों की सराहना करें :** अगर वे अपने प्रयास में थोड़ा सा भी सुधार करें, तो उन्हें बताएँ कि आप जानते हैं। उन्हें एहसास कराएँ कि चीजों को सुधारने की उनमें योग्यता है।
- **दया भाव न रखें :** बच्चे से कोई काम न हो पा रहा हो तो दया दिखाकर आप केवल उसे हतोत्साहित ही करेंगे। उन्हें साहस दें, सहानुभूति नहीं वरन् समाधान बताएँ।
- **तुलना न करें :** हर बच्चे की क्षमता अलग होती है, इसलिए किसी दूसरे बच्चे के साथ उसकी तुलना न करें। इस तरह वह अपनी विशेषताओं को

या तो खो देगा या कुछ कर पाने की इच्छा ही उसके मन में नहीं रहेगी। तुलना से आत्मविश्वास डगमगाता है।

- **बच्चे को महत्त्व दें :** बच्चे से इस तरह व्यवहार करें कि वह अपने को मूल्यवान् समझे। उससे सलाह लें, उससे कुछ सीखें और उसकी बातों को धैर्य से सुनें।
- **उसे प्यार दें :** बच्चों को यह यकीन दिलाएँ कि वे चाहे कुछ करें या न करें, आप उन्हें प्यार करते हैं। उन्हें समझाएँ कि वे चाहे सफल हों या न हों, आपका प्यार हमेशा उन्हें मिलेगा।

□

5

सहयोग व समर्थन दें

हम सब एक पंखवाले देवदूत हैं। हम केवल एक-दूसरे का हाथ थामकर ही उड़ सकते हैं।

—अज्ञात

"मम्मी, मुझे यह सवाल बिलकुल समझ नहीं आ रहा है। होमवर्क भी बहुत सारा मिला है। आप प्लीज मेरी मदद कर दीजिए, वरना कल डाँट पड़ेगी।" 11 वर्षीय विपुल ने अपनी मम्मी से आग्रह किया, जो उसी समय ऑफिस से लौटी थीं। अपनी थकावट को नजरअंदाज कर उसकी मम्मी रात 10 बजे तक उसके साथ बैठी रहीं। विपुल चाहे कितनी ही मुसीबत में क्यों न हो, चाहे उसकी दोस्तों से लड़ाई हो जाए या वह कोई गलती कर बैठे, उसे पता है कि उसके मम्मी-पापा हमेशा उसके साथ हैं। वे हमेशा उसको सहयोग देते हैं, उसकी गलतियों को सुधारने में मदद करते हैं और अगर उसकी गलती न हो तो उसकी बात का विश्वास कर उसका समर्थन करते हैं। इसलिए वह भी उनकी किसी बात को नहीं टालता।

"तुम कोई भी काम अपने आप नहीं कर सकते हो? हर समय कोई-न-कोई परेशानी लेकर सामने खड़े हो जाते हो।" सुमित ने जैसे ही कुछ कहना चाहा तो उसकी मम्मी ने उसे झाड़ दिया। वे उस समय टी.वी. पर अपना प्रिय सीरियल देख रही थीं। सुमित के मन में उस समय अनेक सवाल उठ रहे थे, पर समाधान नहीं मिल रहा था। तब से उसके मन में यह बात बैठ गई कि उसके माता-पिता उसे कभी सहयोग नहीं देंगे और बड़े होते-होते उसके अंदर यही चीज सीमेंट की तरह पक्की हो गई। नतीजतन उसके व्यवहार में भी वैसी ही कटुता आ गई और जब भी किसी को सहयोग या साथ देने की बात आती, वह सबसे पहले पीछे हट जाता।

बनें उनकी ताकत

एक अभिभावक के रूप में हम अपने बच्चों को हर चीज देने की कोशिश करते हैं। उनको हर तरह की सुख-सुविधा, बेहतरीन शिक्षा तथा अच्छा खाना व कपड़ा देने की ख्वाहिश रखते हैं। पर सबसे जरूरी चीज जो होती है, उसे देने में या तो कटौती कर जाते हैं या उसे नजरअंदाज कर देते हैं। और वह है उसे कदम-कदम पर सहयोग व समर्थन देना, जिसके बलबूते पर ही वह जीवन में आनेवाली परेशानियों व दुविधाओं से निबट सकता है। आप उसे अच्छे-से-अच्छे खिलौने तो लाकर देते हैं, पर इस तरह की भौतिक चीजों को पाकर वह कुछ समय तक ही खुश रह सकता है, जिनसे उसे कामयाबी नहीं मिल सकती। उसे कामयाबी तभी मिलेगी, जब उसके अंदर अपने को काबिल समझने की ताकत होगी, और वह ताकत उसे आपके सहयोग व लगातार मिलनेवाले समर्थन से ही मिल सकती है।

फोर्टिस लॉ फेम की कंसलटेंट साइक्राएटिस्ट डॉ. टीना गुप्ता के अनुसार, ''समस्याओं को सुलझाने में अभिभावकों को बच्चों का मार्गदर्शन करना चाहिए। इस तरह वे उनके अंदर स्वयं निर्णय लेने की क्षमता का विकास करते हैं। ठीक ढंग से समस्याओं का निदान न कर पाने से बच्चों की रचनात्मकता तो प्रभावित होती ही है, साथ ही उनकी विश्लेषण करने की क्षमता पर भी बुरा असर पड़ता है। रचनात्मकता हो, तभी वे चीजों को नए ढंग एवं सही आयामों द्वारा देख पाते हैं। एक अलग ही तरह की रोशनी में, जिसके बारे में दूसरा जान भी नहीं पाता कि वह है भी या नहीं। इस तरह वे उनका प्रभावकारी समाधान ढूँढ़ने में सफल हो पाते हैं।

अभिभावकों को बच्चों की रचनात्मकता को मजबूत करने के लिए एक कोच की भूमिका निभानी चाहिए और बच्चे को उस दौरान एक चिंतक की। बच्चों को दिए गए कार्यों को पूरा करने तथा अपने आप समस्याओं का समाधान तलाशने के लिए प्रेरित किया जाना चाहिए। आरंभ में बच्चा झिझकेगा अवश्य, पर सहयोग पाकर वह जल्दी ही निर्णय लेने में सक्षम हो जाएगा।''

रोकें-टोकें जरूर

जैसे-जैसे बच्चा बड़ा होता जाता है, सहयोग पाने की आवश्यकताओं में परिवर्तन आता जाता है। छोटे बच्चे के साथ उतनी जटिलताएँ नहीं होतीं जितनी कि एक युवा के साथ होती हैं। बहुत से बच्चे बहुत बदतमीजी से बात करते

हैं, अपने माता-पिता की इज्जत नहीं करते हैं। इसकी साफ वजह होती है—उनको भी वैसा ही व्यवहार मिलना। वे मानते हैं कि जब हमारे अभिभावक हमें सम्मान नहीं देते, हमारी बात को नहीं समझते तो हम क्यों उनकी सुनें? आरंभ में तो माता-पिता यह सोचकर कि बच्चा है, उसकी बात को या तो हँसी में उड़ा देते हैं या नजरअंदाज कर देते हैं, पर बाद में यही सोच विद्रोह का आकार ले लेती है और बड़े होने के बाद उसमें दूसरे की गलतियाँ ही निकालने की आदत पड़ जाती है। किसी की अच्छाइयों को वह देखता ही नहीं है, क्योंकि इसी तरह उसकी परवरिश हुई होती है।

समर्थन करने या सहयोग करने का अर्थ यह नहीं कि बच्चा जो चाहे, उसे करने दिया जाए। विश्वास करें, पर इस बात से भी अवगत रहें कि आपका बच्चा कहाँ जाता है, क्या करता है, उसके मित्र कैसे हैं, स्कूल में उसका व्यवहार कैसा है आदि। अगर वह ऐसा कुछ कर रहा है, जो उसकी आयु के हिसाब से उचित नहीं है तो उसे बताएँ कि ऐसा क्यों नहीं करना चाहिए। केवल इसलिए कि बच्चा नाराज हो जाएगा या आप उससे बहुत प्यार करते हैं और उसकी बात को टाल नहीं सकते, गलत बातों में कभी उसका साथ न दें। उसे उस समय आपका रोकना बुरा अवश्य लगेगा, पर धीरे-धीरे उसे समझ आ जाएगा कि आपने उसके लिए सही निर्णय लिया था।

मायने रखती हैं छोटी-छोटी बातें

अपने बच्चे को सहयोग देने का अर्थ है—उसके द्वारा किए जा रहे कार्यों में दिलचस्पी लेना। स्कूल जाकर अध्यापकों से उसकी पढ़ाई के बारे में पूछना, उसका होमवर्क देखना तथा घर के कामों के प्रति उसको जिम्मेदार बनाना। बच्चा चाहता है कि माता-पिता उसकी हर गतिविधि में शामिल हों या उसमें दिलचस्पी लें। आज की व्यस्त जीवन-शैली में हालाँकि ऐसा कर पाना मुमकिन नहीं है, फिर भी कोशिश तो की ही जा सकती है। इससे बच्चे के जीवन पर सकारात्मक प्रभाव पड़ेगा।

बच्चे की आयु व परिपक्वता के स्तर के अनुसार अभिभावक बच्चे को सहयोग दे सकते हैं। जब बच्चा छोटा होता है तो छोटी-छोटी चीजें करके माता-पिता उसे सहयोग दे सकते हैं। जैसे फ्रिज पर उसका बनाया हुआ चित्र चिपकवाने में, उसको कपड़े पहनाने में, उसे साइकिल चलाने में मदद करने में। जब भी बच्चा कुछ कहना चाहे तो माता-पिता को पूरे मनोयोग से उसकी बात सुननी चाहिए। कितनी ही बार माता-पिता बार-बार बच्चे द्वारा बुलाए जाने पर भी उसे

नजरअंदाज कर देते हैं। उसकी पुकार का जवाब दें और अगर आप किसी से बात कर रहे हैं, तब भी धीरे से उसे कह सकते हैं कि बात खत्म होने पर वह उसकी बात सुनेंगे। इस तरह आप बच्चे को शिष्टता का पाठ तो सिखाते ही हैं, अपनी सहमति भी जताते हैं कि आप उसकी बात अवश्य सुनेंगे। आप उसकी आवश्यकताओं को समझ भी रहे हैं और साथ ही उसे अपनी बारी आने का इंतजार करने को भी कह रहे हैं।

क्या करें

- **समझें कि हर चीज सही नहीं होगी :** छोटे बच्चे गलतियाँ करते ही हैं। अगर आप यह समझ लें कि यह उनकी सीखने की प्रक्रिया का एक हिस्सा है तो आप कम परेशान होंगे और खुले मन से उन्हें अपना सहयोग देंगे।
- **झूठी प्रशंसा न करें :** बच्चे इतने स्मार्ट होते हैं कि वे जानते हैं कि कब उन्होंने अच्छा काम किया है और कब नहीं , इसलिए बेवजह उनकी तारीफ न करें। वरन् जो कुछ वे सीख रहे हैं, उस पर ध्यान देते हुए एक सहयोगी अभिभावक की भूमिका निभाएँ।
- **उसके सहयोग की प्रशंसा करें :** जब आप देखें कि बच्चे ने किसी की मदद की है या करने का प्रयास भी किया है तो उसे सराहें अवश्य। किसी का सहयोग करना चाहिए, यह सिखाने के लिए खुद आदर्श पेश करें। साथ मिलकर काम करना मनोरंजक हो सकता है।
- **बच्चे की राय का सम्मान करें :** बच्चे को अपनी भावनाएँ व्यक्त करने का मौका दें। उसकी बात को सुनें। बच्चा यह समझना चाहता है कि चीजें क्यों घट रही हैं। उसकी राय का सम्मान कर, उसकी बात सुनकर आप उसे सहयोग करने के लिए प्रोत्साहित करते हैं। अगर वह राय नहीं दे पाएगा तो कैसे किसी का समर्थन करना सीखेगा ?

□

6

आत्मनिर्भर बनाएँ

बच्चों के जीवन को आसान बनाकर उनकी जिंदगी को विकलांग न बनाएँ।

—राबर्ट ए. हेनलेन

"अरे-अरे, यह क्या कर रहे हो? तुम शीशे के गिलास में पानी मत पीओ, टूट जाएगा। इससे तुम्हें चोट भी लग सकती है।"

"तुम इस कला प्रतियोगिता में भाग न ही लो तो अच्छा है। तुम सफल नहीं हो पाओगी, क्योंकि मुकाबला बहुत ही कठिन होने वाला है। फिर अपने पेंट और ब्रश भी तुम अपने आप सँभाल नहीं सकतीं।"

"मम्मी, मेरी लेस बाँधने में मदद करो न। देखो, बँध ही नहीं रही है।"

"बेटा, एक बार फिर से कोशिश करो। मुझे यकीन है कि तुम लेस बाँध लोगे।"

इन स्थितियों पर आप अगर गौर करें तो पाएँगे कि कहीं तो अभिभावक बच्चों के हौसलों को पस्त कर रहे हैं और कहीं उनकी कोशिशों की सराहना करते हुए उनके आत्मविश्वास के साथ-साथ उनकी आत्मनिर्भरता को भी बढ़ा रहे हैं। बच्चे बड़े होकर किस तरह जीवन के प्रति अपनी सोच निर्धारित करते हैं, यह बात बचपन की छोटी-छोटी बातों पर काफी हद तक निर्भर करती है।

न रोकें कदम

बच्चा अपने अधिकतर काम स्वयं करना चाहता है। वह स्वयं गिलास से दूध पीना चाहता है, कपड़े पहनना चाहता है, अपनी चीजों को सँभालना चाहता है। पर

आत्मनिर्भरता के इस प्रयास में उसे या तो डाँट मिलती है या दुबारा वह काम न करने की चेतावनी, जो उसके मनोबल को कम कर देती है। अधिकांश अभिभावक मानते हैं कि बच्चा अगर स्वयं कोई काम करेगा तो या तो उसे देर लग जाएगी या वह काम बिगाड़ देगा। कहीं दूध गिर गया तो घर गंदा हो जाएगा। उससे बेहतर तो यही होगा कि माँ ही उसे दूध पिला दे।

हमारे भारतीय समाज में अभी भी बच्चों को पालने के लिए पारंपरिक ढंग का पालन किया जाता है। लेकिन आज वक्त की माँग कहती है कि बच्चों को छोटी उम्र से ही आत्मनिर्भर हो जाना चाहिए, ताकि वे न सिर्फ चुनौतियों का सामना करने में सक्षम हो सकें, वरन् निर्णय भी ले सकें। माता-पिता पर हर छोटी-बड़ी बात के लिए निर्भर बच्चे कभी खुलकर जीने या आगे बढ़ने की बात सोच भी नहीं पाते हैं।

अकसर आपने सुना होगा कि कई माताएँ बड़े गर्व से कहती हैं कि मेरा बच्चा तो अपने आप पानी भी नहीं लेकर पी सकता। बिना मेरे तो इसका गुजारा नहीं। हर काम के लिए मेरे पास दौड़ा आता है। यह गर्व का विषय नहीं, बल्कि चिंता की बात है। इस तरह तो आप ही उसकी तरक्की की राह में सबसे बड़ी बाधा बनकर खड़ी हो जाएँगी।

आत्मनिर्भरता की ओर बढ़ते उसके कदमों की आगे बढ़ने की कोशिश को जाने-अनजाने वयस्क रोक देते हैं। बड़े होने पर जब अपनी जरूरतों के लिए वे उनसे सहायता चाहते हैं तो उन्हें कहा जाता है कि ''इतने बड़े हो गए हो, पर स्वयं कोई काम नहीं कर सकते हो, उनके मानसिक विकास को अवरुद्ध करते समय यह सोचना जरूरी है कि अगर वयस्कों को एक दिन भी उनकी इच्छा के अनुरूप काम न करने दिया जाए तो उन्हें कितना बुरा लगेगा।

नजरअंदाज न करें प्रयास

बच्चों से बात करते समय अकसर वयस्क उन्हें मूर्ख या बेकार होने का दर्जा दे देते हैं। बच्चा अगर किसी चीज को समझ नहीं पा रहा है तो उसे उसका समाधान सुझाने के बजाय अभिभावक उसकी योग्यता पर ही हमेशा प्रश्नचिह्न लगाते रहते हैं। जरूरी नहीं कि हर बच्चे की समझने की क्षमता समान हो। हाँ, यह अवश्य सत्य है कि हर बच्चा अपनी तरह से प्रतिभाशाली होता है, बस उसकी काबिलीयत को आँकने की नजर की जरूरत होती है। बच्चों को बार-बार अगर बुरा कहा जाए तो उनमें हीनता आ जाती है। वे कुछ करने से ही डरने लगते हैं। प्रयत्न करने का

साहस ही जब डगमगाने लगेगा तो लक्ष्य की प्राप्ति कैसे संभव है? इससे उनके व्यक्तित्व पर बुरा असर पड़ता है। नकारात्मक विचारों से अगर सदा घिरा रहा जाए तो मन उसी दिशा में सोचने लगता है। उस स्थिति में सकारात्मक करने के बजाय वह विघटन की ओर बढ़ने लगता है। बेहतर होगा कि उसके छोटे-से-छोटे प्रयास की सराहना करें।

फोर्टिस लॉ फेम अस्पताल की बिहेवियरल मेडिसिन कंसलटेंट डॉ. स्वाति कश्यप शर्मा के अनुसार, "माता-पिता की भूमिका निभाना सबसे चुनौतीपूर्ण लेकिन जीवन का सबसे सुखदायक अनुभव है। इस भूमिका को निभाने के लिए समय, ऊर्जा, प्यार व दायित्व उठाने की जरूरत होती है। अपने बच्चों को विभिन्न गतिविधियों में हिस्सा लेने के लिए प्रेरित करें। नृत्य, संगीत, चित्रकला व खेल उनकी प्रतिभा को निखारने के साथ उनके मानसिक विकास में भी वृद्धि करते हैं। इस तरह वे आत्मनिर्भर बनने की सीढ़ी पर कदम रखना आरंभ करते हैं। साथ ही नियमों में रहते हुए काम करने की आदत भी पड़ती है, जिससे जीवन में अनुशासन आता है।"

करने दें एक्सप्लोर

बच्चों को आत्मनिर्भर बनाने में माता-पिता बहुत महत्त्वपूर्ण भूमिका निभाते हैं। एक वर्ष का होने से पहले ही बच्चे को आत्मनिर्भर बनाने की प्रक्रिया आरंभ हो सकती है। उन्हें आत्मनिर्भर बनने में मदद करने का अर्थ है—उन्हें सीखने, नई चीजों को तलाशने एवं एक्सप्लोर करने के लिए खुला आकाश देना। छोटे बच्चे का जब विकास होने लगता है तो उसके मन में अपने आस-पास की हर चीज के बारे में जानने की उत्सुकता होती है। वह उन्हें छूना चाहता है। आप उसे ऐसा करने से न रोकें; लेकिन उसके पास बने रहें, ताकि जब वह गिरे या उसे चोट लगने लगे तो आप उसे बचा सकें। सीमाएँ निर्धारित करते हुए भी आप उसे ट्रेनिंग दे सकते हैं आत्मनिर्भर बनने की।

उसकी आयु के अनुसार उसे सीखने में मदद करें। एक वर्ष का बच्चा अपने खिलौने ठीक ढंग से सँभालकर रख सकता है। केवल आपको उसे ऐसा करने के लिए प्रेरित करना है। आप उसे करके दिखा भी सकते हैं कि खिलौनों को जगह पर कैसे सँभालकर रखा जाता है। आपको यह देखकर आश्चर्य होगा कि आपका बच्चा कितनी कुशलता से बिना आपकी मदद के अपने खिलौने व्यवस्थित ढंग से रखने लगा है।

अपने बच्चे पर अपनी इच्छाएँ या पसंद थोपने से बचें और उसे अपने लिए

चीजें चुनने का अधिकार दें। जैसे आप कहीं बाहर रेस्तराँ में खाना खाने जाते हैं तो उसके आगे मेन्यू कार्ड रख उसकी पसंद के बारे में पूछें, मार्केट से सामान खरीदते समय एक-दो चीजें उसकी पसंद की खरीदें।

थोड़ी सी स्वतंत्रता बच्चों को देना आवश्यक है, क्योंकि नियंत्रण सोच को बाधित करता है। स्वतंत्रता मिलने से बच्चा गलती अवश्य कर सकता है, पर उन्हीं गलतियों से उसे चीजों को सीखने का मौका मिलेगा। अगर आपका बच्चा एक कुर्सी पर चढ़कर बुकशेल्फ पर से किताब लेना चाहता है तो टोकें नहीं, बस यह नजर रखें कि वह गिरे नहीं । ऐसी ही छोटी-छोटी कोशिशों से वह आत्मनिर्भरता की राह में निरंतर कदम बढ़ाता जाएगा।

स्वतंत्रता दें

माता-पिता को अपने बच्चे बेशक हमेशा छोटे ही लगते हैं और जब वे देखते हैं कि बच्चा कुछ नहीं पा रहा है तो वे तुरंत मदद करने को आगे बढ़ते हैं। बच्चे के प्रति चिंता होना स्वाभाविक है, लेकिन अगर वह दुबारा प्रयास कर रहा है तो उसे करने दें। अपनी छोटी सी जीत पर उसे जितनी खुशी होगी उतनी आपकी सहायता पाकर नहीं; बल्कि न कर पाने की स्थिति में वह केवल मायूसी ही महसूस करेगा। आप उसे सलाह दें, अपने विचार उसके सामने रखें, पर उसे अपने निर्णय लेने दें। गलत होने पर आप तो हैं ही सुधारने व सही दिशा दिखाने के लिए। पर अपने पर उसे इतना निर्भर न बनाएँ कि बिना आपकी मदद के वह एक कदम भी न चल पाए।

पाँच वर्ष का बच्चा अपने आप नहा सकता है, कपड़े पहन सकता है। इसी तरह जब भी वह कुछ नया काम करे, उसको शाबाशी अवश्य दें। बस यह ध्यान रखना आवश्यक है कि बहुत ज्यादा स्वतंत्रता न दें। इस तरह वह उसका दुरुपयोग कर सकता है, वह उलझन में पड़ सकता है। न ही इतनी कम स्वतंत्रता दें कि वह पूरी तरह से आप पर निर्भर हो जाए। दोनों के बीच एक संतुलन कायम करना जरूरी है। अगर आप अपने अनुभवों का लाभ उठाते हुए खुद ही उसके लिए सारे निर्णय करते हैं तो आप खुद निर्णय लेने की उसकी क्षमता का हनन करते हैं। अपने ऊपर उसे निर्भर बनाकर आप उसे एक तरह से विद्रोही भी बना रहे हैं। जितना वह अपने काम अपने आप करेगा, उतना ही भरोसा उसे अपनी काबिलीयत पर होगा। यह कहने की बजाय कि वह काम गलत ढंग से कर रहा है, उसे बताएँ कि काम को सही तरह से कैसे किया जा सकता है।

निर्भरता असुरक्षा को जन्म देती है

एक आत्मनिर्भर बच्चा सोच सकता है और उसके अंदर जोखिम उठाने व समस्याओं को सुलझाने की समझ आ जाती है। एक आत्मविश्वास उसके पास होता है कि मुश्किलों में भी वह हार नहीं मानेगा। जब तक आप बात-बात में टोकनेवाले माता-पिता की तरह उसके इर्द-गिर्द मँडराते रहेंगे, बच्चा कभी भी आत्मनिर्भरता का पाठ नहीं पढ़ पाएगा। आपको उसे खुद काम करने की स्वतंत्रता देनी ही होगी और ऐसा करते हुए आप एक मित्र की भूमिका निभाएँ, न कि किसी तानाशाह की।

अपोलो अस्पताल के मनोवैज्ञानिक डॉ. संदीप वोहरा के अनुसार, "ऐसे बच्चे जो दूसरों पर हर काम के लिए निर्भर रहते हैं, वे सदा असुरक्षा की भावना से घिरे रहते हैं। उन्हें लगता है कि वे जो भी काम करेंगे, वह गलत ही होगा। बेहतर होगा कि धीरे-धीरे उनकी आयु का ध्यान रखते हुए उनमें अपने काम स्वयं करने की आदत डालें। ब्रश करना, लेस बाँधना, अपने आप खाना जैसे रोजमर्रा के काम करने के लिए प्रोत्साहित करें। बच्चा बहुत देर तक अपने जूते की लेस बाँधने में जुटा रहता है और आप उसे देखते रहते हैं तो ऐसा कर आप उसके साथ कोई जुल्म नहीं कर रहे हैं, बल्कि उसे जीवन में कठिन काम बिना किसी मदद के करने के लिए तैयार कर उसका भला ही करते हैं।"

याद रखें कि आत्मनिर्भरता एक आत्मविश्वास देती है, जो जीवन में विकास करने और लक्ष्यों की प्राप्ति करने के लिए अनिवार्य होता है। बच्चा जितना ज्यादा काम अपने आप करेगा, उतना ज्यादा विश्वास उसे अपनी क्षमताओं पर होगा। बच्चों को काम सौंपें, उन्हें कुछ जिम्मेदारियाँ दें। इससे वे अपने को महत्त्वपूर्ण तो समझेंगे ही, साथ ही इस बात की खुशी भी होगी कि माता-पिता उस पर और उसकी योग्यता पर भरोसा करते हैं।

आप हमेशा उसका हाथ पकड़कर उसे चलाने के लिए और उसकी राह में आनेवाली मुश्किलों के लिए उसे बचाने के लिए उसके पास नहीं होंगे। उसे इस तरह जीने का अवसर दें कि चलते-चलते उसे अपनी छाया से डर न लगे। अगर आप उसके गिरते ही फौरन उसे उठाने के लिए दौड़ पड़ेंगे तो वह उठना कैसे सीखेगा?

क्या करें

- **घर को सुरक्षित स्थान बनाएँ :** अगर आप चाहते हैं कि बच्चा नई-नई चीजों के बारे में जाने तो उसे उन चीजों तक पहुँचने दें। वह उन्हें छुएगा, उन तक पहुँचने के लिए रास्ते भी ढूँढ़ेगा। उसे ऐसा करने से रोकने के बजाय ऐसी चीजों को उठाकर रख दें, जिनसे उसे नुकसान पहुँच सकता है।
- **काम सौंपें पर धैर्य रखें :** बच्चों को काम सौंपें, लेकिन जल्दबाजी न करें। वे जितना समय लेना चाहें, उन्हें लेने दें। वे आपकी तरह फुरती से काम खत्म नहीं कर सकते हैं। फिर भी, वे इतना तो समझते हैं कि उस काम को खत्म करना उनका उत्तरदायित्व है। धैर्य रखते हुए उनका काम खत्म होने का इंतज़ार करें और फिर उन्हें शाबाशी देना न भूलें।
- **बाध्य न करें :** बच्चे को कभी भी ऐसा कोई काम करने के लिए बाध्य न करें, जिसे वह करना न चाहता हो। उसे चयन करने की आजादी दें। इस तरह वह अपनी पसंद के अनुसार खुशी से काम कर पाएगा और लक्ष्यों तक पहुँचने में भी दिक्कत नहीं आएगी। बाध्य करने का अर्थ होता है—अपनी पसंद उस पर थोपना। उसे वह खुशी से कैसे पूरा कर सकता है।
- **गलतियों से सीखने का अवसर दें :** यह सबसे कारगर तरीका होता है बच्चे को आत्मनिर्भर बनाने व सही चयन की पहचान कराने का। वह किसी काम को करते हुए बार-बार असफल हो सकता है, लेकिन तब उस पर हिदायतों का अंबार न लगाएँ। उसे अपने तरीके से उसे पूरा करने का अवसर दें। अगर वह आपसे मदद माँगे तो उसे काम करने के सही तरीके का ज्ञान दें, पर खुद उसे पूरा न करें। जब बच्चा वह काम पूरा कर लेगा तो उसके लिए वह किसी बड़ी सफलता से कम नहीं होगा।

☐

7

प्रशंसा करें, अति नहीं

अत्यधिक प्रशंसा या बड़ाई से छोटे बच्चों का आत्मविश्वास दृढ़ नहीं होता, बल्कि इसके विपरीत उनके अंदर संशय उत्पन्न हो जाता है। कई बच्चे माता-पिता द्वारा की जा रही चापलूसी को समझ लेते हैं और उनकी विश्वसनीयता तब उनमें खत्म हो जाती है।

—लिलियन काटज

"मेरी बेटी सुधा से बढ़कर बुद्धिमान, सुंदर और व्यवहार-कुशल कोई हो ही नहीं सकता है। परीक्षा में बेशक थोड़े नंबर कम आते हैं, पर अन्य चीजों में तो कितनी होशियार है। नृत्य ऐसा करती है कि सब मंत्रमुग्ध हो जाते हैं। बिलकुल गुड़िया जैसी है बिटिया। इसलिए मैं गलती करने पर भी इसे ज्यादा कुछ कहती नहीं हूँ।"

किसी भी माँ के लिए अपने बच्चे का गुणी होना गर्व की बात हो सकती है और दूसरों के सामने हर समय उसकी तारीफों के पुल बाँधना भी उसका सबसे प्रिय विषय हो सकता है। लेकिन दो पल ठहरकर, क्या उस माँ ने यह सोचने की कोशिश की कि उसकी प्रशंसा उसकी बेटी के मन पर सकारात्मक प्रभाव डाल रही है या नकारात्मक? क्या उसकी बेटी यह कोशिश कर रही है कि वह अपनी माँ की उम्मीदों पर खरी उतरने के लिए अच्छे अंक लाए या अपना ध्यान पढ़ाई में लगाए।

शायद नहीं । क्योंकि सुधा अपनी माँ की प्रशंसा से प्रेरित होकर कुछ बनने की ठानने के बजाय या तो अपनी सुंदरता को निखारने में लगी रहती है या फिर अपने को सबसे गुणी मानते हुए अपनी सहेलियों से एक विजेता होने के दर्प के साथ व्यवहार करने लगी है। उसे लगने लगा है कि वह सबसे अलग है, सबसे

बेहतर। दिन-रात की प्रशंसा ने उसे घमंडी बना दिया है और पढ़ाई से उसका ध्यान धीरे-धीरे हटने लगा है।

क्या हो सीमा ?

अपने बच्चों को एक बेहतर व्यक्ति बनाने के प्रयास में माता-पिता चाहते हैं कि वे उनकी उतनी ही प्रशंसा करें जितनी कि आवश्यक हो, ताकि उनमें आत्मविश्वास जाग्रत् हो सके और साथ ही वे अपने को सुरक्षित अनुभव कर सकें। लेकिन प्रशंसा इतनी अधिक न हो जाए कि अपने अहं को सँभालना ही उनके लिए कठिन हो जाए। ''मैं अपने बच्चे के हर कार्य की प्रशंसा करना चाहती हूँ; पर डरती हूँ कि कहीं वह इतनी न हो जाए कि वह बिगड़ जाए या वह अपने को इतना श्रेष्ठ समझने लगे कि उसके प्रयासों में कमी आ जाए और अंततः वह जीवन में कुछ हासिल ही न कर पाए।''

इस तरह की दुविधा में अनेक अभिभावक उलझे रहते हैं। उनके लिए यह तय कर पाना मुश्किल होता है कि कितनी प्रशंसा पर्याप्त है या कितनी प्रशंसा कम है। इसकी कोई सीमा तय करना आसान नहीं है, क्योंकि हर बच्चे के अनुसार इसकी गुणवत्ता व मात्रा में अंतर आ सकता है। अभिभावकों को बच्चे की क्षमताओं, उसकी चीजों को ग्रहण करने की समझ को परखने के बाद ही प्रशंसा से जुड़े मापदंड बनाने होंगे। किसी बच्चे को लगातार प्रोत्साहन व प्रशंसा न मिले तो उसका हौसला टूटने लगता है। इसके विपरीत, किसी बच्चे में इतना आत्मविश्वास होता है कि हर बार उसके प्रयासों व सफलताओं पर ताली न भी बजाई जाए, तब भी वह अपनी दिशा की ओर बढ़ता जाता है। देखा जाए तो इसका कोई निश्चित फॉर्मूला भी नहीं है, लेकिन यह बच्चों को विजेता बनाने का एक सरल व विश्वसनीय माध्यम अवश्य है।

सवाल उठता है कि प्रशंसा करने का सही तरीका या उसकी मात्रा क्या है? विशेषज्ञ मानते हैं कि प्रशंसा की मात्रा से ज्यादा उसकी गुणवत्ता मायने रखती है। अगर प्रशंसा सही व उपयुक्त होती है और बच्चे के प्रयास पर केंद्रित होती है, परिणाम पर नहीं तो आप बच्चे को कुछ भी सराहनीय काम करने पर बतौर पुरस्कार उसे दे सकते हैं। बाल-मनोवैज्ञानिक मानते हैं कि हमें बच्चों के प्रयासों को समझकर उन्हें अपना लक्ष्य पाने में मदद करनी चाहिए। बेशक आपका बच्चा फुटबॉल का अच्छा खिलाड़ी नहीं है, लेकिन अगर वह रोज उसका अभ्यास करता है तो उसके प्रयत्न की कद्र कर उसे सराहें, चाहे वह मैच में जीते या न जीते।

अत्यधिक अपेक्षाएँ न रखें

फोर्टिस अस्पताल की क्लीनिकल साइकोलॉजिस्ट डायना चेरियन के अनुसार, ''बच्चे को प्रोत्साहित करने, उसकी सेल्फ-एस्टीम निर्मित करने और एक सुरक्षित वातावरण प्रदान करने के लिए प्रशंसा एक कारगर उपाय है। अकसर अभिभावक ऐसे एक बच्चे की चाह रखते हैं जो परफेक्ट हो, यानी जो किसी तरह की शैतानी न करे, अनुशासित हो, आज्ञा का पालन करे और होशियार हो। इस तरह की अपेक्षाएँ बच्चे को अपनी तरह से विकास करने में सबसे बड़ी बाधाएँ होती हैं।

''साथ ही प्रत्येक बच्चा शरारती होता ही है तथा वह गलतियाँ भी करता है और आपसे अनेक तरह के प्रश्न भी करता है, जिन्हें बड़े बेकार के सवाल कह पीछा छुड़ा लेते हैं। हालाँकि वे शरारतें व प्रश्न बच्चे के विकास के लिए बहुत आवश्यक होते हैं। इन्हीं प्रश्नों के माध्यम से बच्चा माता-पिता के साथ खुलकर संवाद स्थापित कर पाता है और अपने ढंग से अपने आस-पास की दुनिया को एक्सप्लोर कर पाता है। बच्चे के ऐसे प्रश्नों व गतिविधियों की प्रशंसा कर आप उसके व्यक्तिगत विकास में मदद करते हैं। दूसरी तरफ बिना सोचे-समझे की गई प्रशंसा हानिकारक भी हो सकती है और बच्चे पर बुरा असर डाल सकती है। जैसे अगर किसी दूसरे बच्चे के खिलौने को सिर्फ इसलिए तोड़ने पर आप अपने बच्चे की प्रशंसा करते हैं कि वह उसे तोड़कर यह देखना चाहता कि उसके पहिए किस तरह लगे थे, तो आप बच्चे को गलत शिक्षा दे रहे हैं। अगर आप अपने बच्चे की इसलिए प्रशंसा कर रहे हैं कि उसने उस बच्चे को मारा जिसने उसे पहले मारा था, तो आप इस तरह उसे यह सिखाते हैं कि उसका इस तरह का व्यवहार ठीक था।''

प्रशंसा एक नमक की तरह ही होती है, सही मात्रा में पड़ा तो स्वाद अच्छा लगता है, पर थोड़ा भी अधिक होने पर वह चीज ही खराब हो जाती है। बच्चों को केवल तभी आपका प्रोत्साहन चाहिए होता है जब वे कुछ अच्छा या अलग काम करते हैं, या कठिन काम पूरा करने में सफल हो पाते हैं। उन्हें यह यकीन दिलाकर कि हर छोटा-मोटा काम जो वे करते हैं, वह प्रशंसा के काबिल होता है, उनके विश्वास को आहत न करें।

विकास बाधित होता है

बच्चे जब भी अच्छे अंक लाते हैं, किसी प्रतियोगिता में प्रथम आते हैं या पुरस्कार जीतते हैं या कोई भी अच्छा काम करते हैं तो उनके माता-पिता उनकी प्रशंसा करते हैं। कई बार हौसला बढ़ाने के लिए भी प्रशंसा की जाती है और अकसर

अपने बच्चों की तारीफ दूसरों के सामने करना अभिभावकों की एक आदत भी हो जाती है। 'ए टू जेड गाइड टू रेसिंग हैप्पी ऐंड कॉन्फिडेंट किड्स' के लेखक जेन बर्मन का कहना है कि अभिभावक आजकल प्रशंसा करनेवाले पुतलों की तरह व्यवहार करने लगे हैं। कुछ दशकों पूर्व अभिभावक बहुत ही कठोर व अनुशासनप्रिय होते थे, पर आज माँ-बाप बड़ी सहजता से बच्चों की गलतियों को नजरअंदाज कर देते हैं और उनकी झूठी तारीफ करने में भी उन्हें संकोच नहीं होता है। बच्चों की अनावश्यक प्रशंसा कर अभिभावक सोचते हैं कि वे अपने बच्चों में आत्मविश्वास निर्मित कर रहे हैं; जबकि होता इसका विपरीत है। बहुत ही आरंभिक अवस्था में बच्चे को ऊँचे पायदान पर बिठा देने से उसका विकास बाधित हो जाता है। उसके विजेता बनने या कामयाब हो पाने की संभावनाएँ क्षीण हो जाती हैं, क्योंकि वह अपने को इतना श्रेष्ठ मानने लगता है कि उसके प्रयासों में कमी आने लगती है।

अत्यधिक प्रशंसा उन्हें पीछे की ओर धकेलने लगती है और जब वह बिना सोचे-समझे की जाती है तो बच्चे नई चीजें करने से डरने लगते हैं, या इस डर से कि कहीं माता-पिता की अपेक्षाओं पर खरे न उतर पाएँ, जोखिम उठाने से घबराने लगते हैं। जिस तरह से हर चीज में संतुलन कायम करने की आवश्यकता होती है, उसी तरह प्रशंसा के मामले में ध्यान रखना पड़ता है। बच्चा कुछ अच्छा करता है और आप उसकी सराहना नहीं करते हैं तो उसे लगता है कि आपकी नजरों में उसका कोई महत्त्व नहीं है, या आपको उसकी कोई परवाह नहीं है और विजेता बनने के लिए जिस तरह मेहनत करनी पड़ती है, उसको लेकर वे निरुत्साहित हो जाते हैं।

आदत न बनाएँ

अत्यधिक प्रशंसा आखिर बच्चे के मन में गलत बीज कैसे रोपित कर सकती है? अभिभावकों का यह मानना कि प्रशंसा जितनी करो उतना ही अच्छा होगा, यह एक भ्रामक धारणा है। नए अध्ययनों से यह बात सामने आई है कि बात-बात पर बच्चों की तारीफ करने से उन्हें इसकी आदत हो जाती है और स्वयं अपने किए कार्यों का मूल्यांकन करने तथा काम को पूरा करने की भावना को महसूस करने के बजाय वे अपने हर कार्य के लिए अभिभावकों से वाहवाही पाने की उम्मीद रखने लगते हैं।

हाल ही में न्यूयॉर्क की कोलंबिया यूनिवर्सिटी के साइकोलॉजी विभाग में हुए एक अध्ययन के अनुसार, बच्चों की जिस तरह से प्रशंसा की जाती है और जिस चीज के लिए प्रशंसा की जाती है, उसका प्रभाव बहुत हद तक इस बात से संबंधित

है कि बड़े होने के बाद वे किस तरह चुनौतियों का सामना करते हैं या असफलताओं का सामना किस तरह करते हैं। अनुसंधान बताते हैं कि जिन बच्चों की प्रशंसा उनके प्रयासों व कड़ी मेहनत के लिए की गई थी, वे सीखने के अवसरों की कद्र करना सीख गए थे, जबकि जिनकी प्रशंसा उनकी क्षमताओं के लिए की गई थी, वे केवल किए गए कार्यों पर ही गर्व करना सीख पाए थे।

बरसों से चली आ रही यह उक्ति कि चाहे तुम हारो या जीतो, इससे फर्क नहीं पड़ता। महत्त्वपूर्ण यह है कि तुमने कोशिश की। इस संदर्भ में यह बिलकुल सटीक बैठती है।

क्या करें

- **प्रयासों को सराहें :** बच्चों की मेहनत व कोशिश की प्रशंसा करें, परिणाम की नहीं। न ही उनकी प्रतिभा की। हर बच्चा हर चीज में बेहतर नहीं हो सकता है या पूर्णता नहीं प्राप्त कर सकता है, पर ऐसे बच्चे जो मेहनत करते हैं और जिनमें धैर्य होता है, वे खास प्रतिभा के धनी होते हैं।
- **झूठी तारीफ न करें :** बेवजह तारीफ करने से बच्चे उलझन में पड़ जाते हैं। इससे वे असुरिक्षत महसूस करते हैं और संकोची बन जाते हैं। जब उन्हें स्कूल में सजा मिलती है तो उनकी असलियत सबके सामने आ जाती है और उन्हें स्वयं अपनी काबिलीयत पर संदेह होने लगता है। इस तरह के बच्चे कभी भी कामयाब नहीं हो पाते।
- **उग्र न बनने दें :** जब दुनिया के सामने उनकी पहचान आती है और वे सबसे बेहतर होने के भ्रम से बाहर आते हैं तो उनका अपने अभिभावकों पर से विश्वास उठ जाता है। ऐसे बच्चे उग्र बन जाते हैं। ऐसे बच्चे स्कूल जाने, खेलों में हिस्सा लेने या मित्रों के साथ खेलने में सकुचाने लगते हैं। बेकार की प्रशंसा न करें, न ही आलोचना करें।
- **पैसे को बीच में न लाएँ :** अकसर माता-पिता बच्चे के अच्छे काम करने पर उसे पैसे देते हैं या कहते हैं कि उसे खिलौना दिलाएँगे, आइसक्रीम खिलाएँगे आदि। इस तरह वह चीजों के लालच में काम करता है और उसकी उत्सुकता दब जाती है। हर मोड़ पर तो आप उसके साथ ऐसा नहीं कर पाएँगे, फिर वह किस आधार पर सफल होने की बात सोचेगा ?

□

8

लक्ष्य निर्धारित करना जरूरी

लक्ष्य उस ऊर्जा को हमें प्रदान करते हैं, जो हमारे जीवन को चलाती है। हमें अधिकतम ऊर्जा प्राप्त हो, इसके लिए पूरा ध्यान उस पर केंद्रित कर दें। लक्ष्य भी हमारे लिए यही करते हैं, हमारी ऊर्जा को एकाग्र कर देते हैं।

—डेनिस वेटली

अकसर बच्चों से यह पूछा जाता है कि वे बड़े होकर क्या बनना चाहते हैं ? असल में इसका अर्थ ही यह होता है कि आखिर जीवन में उनका लक्ष्य क्या है। वे किस बिंदु पर निशाना साधकर उसमें सफल होना चाहते हैं। जीवन में अगर कोई लक्ष्य न हो तो वह बेमानी हो जाता है, क्योंकि तब तो न कुछ करने की उत्सुकता मन को प्रेरित कर पाती है और न ही कुछ पाने की लालसा गतिमान बने रहने के लिए मन में उमंग पैदा कर पाती है। लक्ष्य इसलिए बनाए जाते हैं, ताकि एक दिन हम वह बन सकें।

लक्ष्य के संदर्भ में अर्जुन और मछली की आँख का उदाहरण सबसे महत्त्वपूर्ण है। तीर चलाते हुए उसे केवल मछली की आँख नजर आई और इसीलिए अपने को आस-पास के परिवेश से बिलकुल मुक्त करके ही वह उसका भेदन कर पाया। अगर बच्चे को आरंभ ही से यह पता हो कि वह अपने जीवन से क्या चाहता है या वह कामयाबी के लिए अपनी किस योग्यता को सँवार सकता है तो उसे भी केवल मछली की आँख की तरह अपना लक्ष्य ही दिखाई देगा। एक बार जब लक्ष्य तय हो जाता है तो उसे पूरा करने के लिए मन में विचारों के साथ संकल्प व दृढ़ता भी आ जाती है। सिर्फ लगन सच्ची होनी चाहिए। रेस में वही जीतता है, जो दौड़ने से पहले उसके नियमों की रूपरेखा बनाकर उसके अनुसार अपने को ढाल लेता है।

दिशा तय करें

यह सच है कि हर कोई उन्नति करना चाहता है, हर तरह से कामयाब होना चाहता है; नाम, पैसा और तमाम सुख-सुविधाएँ पाने की चाह रखता है; लेकिन यह भी सच है कि कुछ इच्छित चीज पा पाते हैं और कुछ नहीं। ऐसा केवल इसीलिए होता है कि वे अपना कोई लक्ष्य निर्धारित नहीं करते हैं। वे प्रयास तो करते हैं, पर दिशा तय न कर पाने के कारण बीच राह में ही भटक जाते हैं। ऐसे लोग एक साथ कई चीजें करने को तत्पर रहते हैं और अंततः किसी को भी पूरा नहीं कर पाते हैं। या तो वे बीच ही में उकता जाते हैं या एक जगह पहुँचकर उन्हें उस कार्य को पूरा करना बेमानी लगने लगता है, क्योंकि उसे पाना उनका लक्ष्य था ही नहीं। एक उद्देश्य की प्राप्ति का अगर संकल्प किया जाए तो कोई वजह नहीं कि सफलता न मिले। विजेता बनने के लिए लक्ष्य निर्धारित करना और फिर उसे पाना सबसे अहम है।

रूपरेखा बनाने में मदद करें

छोटे बच्चे जो स्कूल नहीं जाते हैं, जिनके ऊपर पढ़ाई का बोझ नहीं है, उन्हें घर में ही ऐसे लक्ष्य पूरे करने के लिए दिए जा सकते हैं, जो उनकी पहुँच में हों। जैसे आज तुम्हारा लक्ष्य है कि नौ बजे तक तैयार होकर नाश्ता करना। बात बहुत मामूली लग सकती है, पर इस तरह रोजमर्रा की गतिविधियों से जुड़े कामों को नियत समय पर पूरा करने की आदत न सिर्फ उन्हें व्यवस्थित रहने के लिए प्रेरित करेगी, बल्कि लक्ष्य बनाने का रुटीन बनाने में भी उन्हें मदद मिलेगी।

उनसे रोज पूछें कि वे आज क्या करना चाहते हैं? उनके मन में यह विचार रोपित करें कि कोई कुछ करना चाहता है तो वह उसका लक्ष्य होता है। जब बच्चा स्कूल जाने लगे तो उसके अंदर यह भावना जाग्रत् करें कि बड़े होकर उसे कुछ बनना है; क्या बनना है, वह उस पर छोड़ दें। केवल उस सोच को विकसित करने में उसकी मदद करते रहें। उसे अपने कामों की रूपरेखा व योजना बनाने के लिए कहें। जैसे उसे स्कूल से कोई प्रोजेक्ट बनाने को मिला है तो उसका लक्ष्य होना चाहिए कि वह उसे दिए गए समय में ही पूरा करे।

अल्प-अवधि व दीर्घकालीन लक्ष्य

जब बच्चा बड़ी कक्षाओं में पहुँचे तो उसे अल्प-अवधि के लक्ष्यों व दीर्घकालीन लक्ष्यों के बीच अंतर करना सिखाया जा सकता है। जैसे तीसरी से छठी कक्षाओं के बच्चों को बताया जा सकता है कि अल्पकालीन लक्ष्यों को कम समय-सीमा में

खत्म किया जा सकता है, जबकि दीर्घकालीन लक्ष्य पूरा होने में महीनों, यहाँ तक कि वर्षों, लग जाते हैं। लेकिन उन्हें पूरा करने के लिए प्रयास अभी से करना होगा। बच्चे के उन लक्ष्यों को समझकर उसके लिए एक योजना बनाएँ और उसे कैसे आगे बढ़ाना है, इसकी एक रूपरेखा भी। यह भी बताना जरूरी है कि उसके इस दीर्घकालीन लक्ष्य पर ही उसकी सफलता टिकी है।

बच्चों को उदाहरण देकर कोई बात समझाई जाए तो बहुत जल्दी समझ में आ जाती है और उसका प्रभाव भी स्थायी रहता है। स्वयं अपने लिए कोई लक्ष्य तय करें और उन्हें पूरा करके दिखाएँ।

एक कदम दूर

अगर आप अपने लक्ष्य तक पहुँचने में केवल एक कदम दूर हों तो क्या आप वह कदम उठाएँगे ? यह कितनी शर्मनाक बात लग सकती है कि थोड़े से प्रयास से आप अपने लक्ष्य तक पहुँच सकते हैं, पर आपने प्रयास करना ही छोड़ दिया है। यह कितनी शर्म की बात है कि आखिरी कदम हमसे छूट गया है। केवल एक और कदम उठाने से पीछे किए गए सारे प्रयास सफल हो सकते हैं। फिर क्यों रुकना ? अगर आप सही राह पर चलते रहे तो निश्चित रूप से अपने लक्ष्य को पा लेंगे। और जब लक्ष्य तक पहुँच जाएँगे तो आपकी कामयाबी देख कोई आपकी योग्यता पर संदेह नहीं कर पाएगा। जान लें कि सफलता आपसे केवल एक कदम ही दूर होती है, केवल उस तक पहुँचना होता है। यह तभी संभव हो पाता है, जब आप लक्ष्य निर्धारित करके उसे पूरा करने की ठान लेते हैं।

शॉर्टकट न अपनाएँ

परिश्रम, निष्ठा और अनुकूल परिस्थितियाँ लक्ष्य-प्राप्ति में सहायक होती हैं। एक सफलता दूसरी सफलता का आधार बनती है। जो बच्चे हार नहीं मानते और शॉर्टकट अपनाने की मूर्खता नहीं करते, वे अपने मनोबल के बल पर निरंतर आगे बढ़ते ही जाते हैं। शॉर्टकट से आप जल्दी ही सफलता को पा तो लेंगे, पर ऐसी सफलताएँ अस्थायी होती हैं।

लक्ष्य तक जल्दी पहुँचने की चाह ही शॉर्टकट अपनाने को उकसाती है। फिर ध्यान केंद्रित होने के बजाय भटक जाता है और मन को निराशाएँ घेर लेती हैं। हम यह सोच लेते हैं कि यह कर पाना हमारे लिए संभव नहीं है, पर यह नहीं देखते कि भूल कहाँ हुई है। अकसर हम यह पाते हैं कि एक छोटी सी कमी की वजह से हम

किसी काम को पूरा नहीं कर पाए। इसकी वजह यह नहीं है कि हममें योग्यता नहीं है, बल्कि हमने अपना लक्ष्य निर्धारित नहीं किया था। एक स्पष्ट लक्ष्य निर्धारित न कर पाना हमारी असफलताओं का मुख्य कारण होता है। इसके विपरीत, हम जब भी कोई लक्ष्य तय करते हैं तो उसे प्राप्त करके ही रहते हैं। ऐसा इसलिए होता है, क्योंकि तब हमारे सारे प्रयास उसी एक दिशा पर केंद्रित हो जाते हैं, जो हमें उसे पूरा करने के लिए सही मात्रा में शक्ति व ऊर्जा प्रदान करते हैं।

क्यों जरूरी है लक्ष्य बनाना

स्कूल व जीवन में सफल होने के लिए बच्चों को अपने अंदर दृढ़ इच्छाशक्ति की क्षमता विकसित करना जरूरी है। यानी कि उनमें यह योग्यता होनी चाहिए कि वे निर्णय ले सकें और अपने व्यवहार के लिए स्वयं को उत्तरदायी मानते हुए उस पर निगरानी रख सकें। लक्ष्य बनाने से इस प्रक्रिया को आगे बढ़ाने में मदद मिलती है, क्योंकि यह बच्चों की अपनी पसंद व उसके परिणामों के बीच एक संपर्क स्थापित करता है।

लक्ष्य एक सपने की तरह होता है, जिसके साथ समय-सीमा जुड़ी होती है। अगर हम फुटबॉल मैच की बात करें तो जरा सोचें कि इस मैच को खेलने का उद्देश्य क्या होता है, गोल करना। अगर गोल ही न करने हों तो ऐसे मैच की अहमियत क्या रह जाती है? खेलने का सारा मजा व उत्साह ही खत्म हो जाता है।

हमारा दिमाग एक चुंबकीय प्रभाव से प्रेरित होता है, इसलिए जो कुछ घटता है, उसके प्रति यह आकर्षित होता है। अगर हम अवलोकन करें तो पाएँगे कि जिन लोगों को पता होता है कि उन्हें कहाँ जाना है, वे तेजी से उस ओर बढ़ जाते हैं। लेकिन जिन्हें अपनी दिशा का ज्ञान नहीं होता, वे इधर-उधर भटकते रहते हैं, दूसरों से राह पूछते रहते हैं और उन्हें अपनी मंजिल तक पहुँचने में इतना समय लग जाता है कि उनके हाथ से सारे अवसर निकल जाते हैं।

आकलन करते रहें

इसीलिए हर बच्चे का एक लक्ष्य होना चाहिए। इसके लिए सातवीं-आठवीं कक्षा तक पहुँचते-पहुँचते उन्हें यह सोचना आरंभ कर देना चाहिए कि 10-12 वर्षों के बाद वे किस तरह अपने को देखना चाहते हैं। अपनी पसंद के अनुसार अपने लक्ष्यों की पहले एक सूची तैयार करें। उन्हें विभिन्न वर्गों में बाँटा जा सकता है; जैसे किस क्षेत्र में पढ़ाई जारी रखनी है, आर्थिक उपार्जन कैसे होगा, समाज व परिवार को

किस तरह सहयोग देना है आदि। फिर उन्हें अल्प व दीर्घकालीन लक्ष्यों में बाँटें। मुख्य लक्ष्यों की एक अलग से सूची बनाएँ और रोज कम-से-कम दो बार उन पर नजर डालें। इस तरह आपको दिशा तय करने में आसानी होगी। समय-समय पर अपने लक्ष्यों का आकलन करना आवश्यक है, क्योंकि समय व विचारों में परिवर्तन आने से वे उस दौरान बदलते रहते हैं। यह भी समझना जरूरी है कि उन्हें पूरा करने के लिए आपने जो योजना बनाई है, उसमें कोई कमी तो नहीं है। अगर कमी लगे तो पुनः उस पर विचार करें।

लक्ष्य से प्यार करना जरूरी

सबसे जरूरी है अपने लक्ष्य से प्यार करना, उसके प्रति समर्पित होना। अन्यथा अथक प्रयासों के बावजूद आप उस तक पहुँच नहीं पाएँगे। एक व्यक्ति ने अपने पड़ोसी के देखा-देखी अपने घर के बगीचे में फूल लगाने की सोची। हालाँकि उसकी न तो फूलों में दिलचस्पी थी और न ही वह प्रकृति-प्रेमी था। अपने खालीपन को भरने का उसे यही तरीका ठीक लगा। महँगे-महँगे पौधे लाकर उसने क्यारियों में लगा दिए। बढ़िया खाद डाली, पर फिर भी उसके यहाँ उतने सुंदर फूल नहीं खिले, जितने कि पड़ोसी के बगीचे में खिलते थे। जितने झाड़-झंखाड़ वह साफ करता, उतने फिर उग आते। आखिरकार उसने अपने पड़ोसी से मदद माँगी। तब उसने कहा कि काम कोई भी हो, अगर वह बेमन से किया जाए तो उसमें सफलता नहीं मिलती है। इसलिए बेहतर होगा कि पहले अपने फूलों से प्यार करना सीखो। अपने लक्ष्य से प्यार करना उतना ही जरूरी है जितना कि उसे पाने के लिए मेहनत करना। लक्ष्य जीवन भर आपको राह दिखाने के लिए कंपास की तरह काम करते हैं। वे उन विचारों व कार्यों की ओर आपका ध्यान केंद्रित करते हैं, जिनका स्पष्ट अर्थ व उद्देश्य होता है।

क्या करें

- **सावधानी बरतें :** जब भी आप लक्ष्य पूरा करने के लिए उन्हें समय-सीमा दें तो इस बात का ध्यान रखें कि बच्चों के लिए वह समय पर्याप्त हो। बड़े जो काम 1 सप्ताह में पूरा कर सकते हैं, बच्चों को उन्हें पूरा करने में 1 माह भी लग सकता है। कहीं उन्हें उसे पूरा करना असंभव न लगे। इस तरह उनका आत्मविश्वास डगमगा सकता है।

- **कागज पर लिखें :** बच्चे को अपने लक्ष्य को कागज पर लिखने के लिए कहें। न सिर्फ यह बल्कि यह भी कि वह जरूरी क्यों है और पूरा होने पर वह कैसा महसूस करेगा।
- **सहायता करें :** उसके लक्ष्य-प्राप्ति में उसकी सहायता करें, पर यह ध्यान रखें कि बच्चे की रुचि उसमें बनी रहे। अपने विचार उस पर थोपने के बजाय उसे केवल सहयोग दें। उसे यह न लगे कि आप चाहते हैं कि वह यह करे या बने।
- **उसकी प्रगति को सराहें :** बच्चा कदम-दर-कदम जब आगे बढ़े तो उसकी प्रगति के लिए सराहें। यह देखकर कि उसके माता-पिता उसके कार्य को समझ रहे हैं, उसके अंदर उसे पूरा करने की लगन और तीव्र हो जाएगी तथा संकल्प भी दृढ़ हो जाएगा।

□

9

बच्चे को बनाएँ स्मार्ट

किसी की स्मार्टनेस या बुद्धिमत्ता एक ही समय में दो विपरीत विचारों को दिमाग में रखते हुए कार्य करने की काबिलीयत से प्रमाणित होती है।

—एफ. स्कॉट फिट्जगेरॉल्ड

बिट्टू को हर कोई, चाहे उसके माता-पिता हों, टीचर, मित्र, परिचित या पड़ोसी, सब स्मार्ट बच्चा कहते हैं। इसलिए नहीं कि वह देखने में अच्छा है या हमेशा साफ-सुथरे कपड़ों में रहता है या उसके स्कूल की यूनिफॉर्म प्रेस होती है, जूते पॉलिश होते हैं या फिर वह स्कूल का होमवर्क नियम से करता है, उसकी किताबें फटी नहीं होतीं। वह कभी छुट्टी नहीं लेता। इन सब बातों के लिए सब उसकी तारीफ करते हैं, पर इसके अतिरिक्त बिट्टू को स्मार्ट इसलिए कहा जाता है, क्योंकि उसका व्यवहार बहुत अच्छा है, वह बड़ों से आदर से बात करता है। दोस्तों से तू-तड़ाक नहीं करता, उनके साथ मार-पिटाई नहीं करता, गालियाँ नहीं देता; क्योंकि वह बुद्धिमान है, मन लगाकर पढ़ता है, माता-पिता व अध्यापकों की बात धैर्य से सुनता है। कोई बात समझ न आने पर उसके बारे में जानने की उसमें उत्सुकता है। बिट्टू स्मार्ट है और जीनियस कहलाए जाने के उसमें सारे गुण हैं।

स्मार्टनेस है क्या ?

स्मार्ट होना किसे कहते हैं ? आईक्यू के इन प्रश्नों को हल करना जिनका रोजमर्रा की जिंदगी में कोई महत्त्व नहीं है, या खुशी व संतोष पाने की क्षमता हासिल

करना ? क्या स्मार्ट होना हर चीज को तार्किक ढंग से नापना-तौलना है या केवल अपनी अंतश्चेतना का अनुसरण करना है ? क्या बड़े स्कूलों में पढ़नेवाले स्मार्ट टॉपर्स ही वैज्ञानिक बनते हैं ? प्रश्न उठता है कि आखिर बुद्धिमत्ता या इंटेलीजेंस है क्या ? क्या सफलता केवल आईक्यू की मोहताज है ? आईक्यू क्या है ?

इन सब सवालों के बावजूद बच्चों को स्मार्ट बनाने की अनिवार्यता पर जोर दिया जाता है। लेकिन स्मार्ट होना एमएनसी (बहुराष्ट्रीय कंपनी) के लिए काम करना तो नहीं हो सकता, या फिर बदलते माहौल के अनुसार ढल जाना स्मार्टनेस की निशानी है ? स्मार्टनेस की परिभाषा बेशक हर कोई अपने हिसाब से तय कर ले, पर सच तो यह है कि कामयाबी पाने के लिए हर कोण से, चाहे वह शैक्षिक हो, व्यावहारिक हो, अन्वेषण हो या फिर अन्य गतिविधियों से जुड़ा हो, स्मार्ट होना अनिवार्य है।

मनोवैज्ञानिक मानते हैं कि ऐसे बच्चे, जो अपनी खास क्षमताओं व प्रतिभाओं का उपयोग कर पाते हैं और जिनमें सतत सीखने की चाह बनी रहती है, वे जीवन में सफल तो होते ही हैं, साथ ही उन्हें अपनी विशेषताओं के कारण स्मार्ट के वर्ग में भी रखा जाता है। अभिभावक होने के नाते आपका कर्तव्य है कि आप यह न मूल्यांकन करने की कोशिश करें कि आपका बच्चा कितना स्मार्ट है, बल्कि यह जानने का प्रयास करें कि वह बच्चा स्मार्ट कैसे है ? बच्चे की स्मार्टनेस का संबंध मनोवैज्ञानिक बहुविध बुद्धिमत्ता (मल्टीपल इंटेलीजेंस) से जोड़ते हैं। डेवलपमेंट साइकोलॉजिस्ट होवर्ड गार्डनर कहते हैं कि 'बुद्धिमत्ता कोई एक ऐसी चीज नहीं है, जिसे कागज और पेंसिल से मापा जा सके। बल्कि हम सभी में विभिन्न तरह की बुद्धिमत्ता होती है, विभिन्न संयोजनों, स्तरों में। वे बुद्धिमत्ता को समस्याओं को ढूँढ़कर उनका निदान करने की क्षमता कहकर परिभाषित करते हैं।

प्रतिभा होती है आधार

हम आज ऐसे युग में जी रहे हैं जब हर माता-पिता अपने बच्चे को आइंस्टाइन, मैडम क्यूरी, न्यूटन, सी.वी. रमन आदि बनाने का सपना देखता है। ऐसे युग में जहाँ अभिभावक अपने बच्चे से अपेक्षा रखते हैं कि वह हर क्षेत्र में पारंगत हो, वह हर गतिविधि में हिस्सा ले और इसके लिए वे भी जी-तोड़ मेहनत करने के लिए तत्पर रहते हैं। यही वजह है कि आज के.जी. और नर्सरी के बच्चों पर भी अत्यधिक दबाव होता है। वे खेलने के बजाय किताबों से ज्यादा उलझे रहते हैं। टीचर व माता-पिता अच्छे स्कूलों में उनका दाखिला कराने के लिए उन्हें पाठ रटाते ज्यादा हैं, समझाते कम हैं। हर वयस्क की यही इच्छा होती

है कि उनका बच्चा या छात्र स्मार्ट बने या कहलाए।

बच्चों को किस तरह स्मार्ट बनाएँ, यह एक बहुत ही जटिल प्रश्न है। कुछ बच्चे पढ़ाई में स्मार्ट होते हैं तो कुछ बच्चे अन्य गतिविधियों में। किसी की प्रतिभा पेंटिंग, कविता, विज्ञान आदि में उभरकर आती है। कुछ बच्चे स्कूली गतिविधियों में स्मार्ट होते हैं। कुछ माता-पिता नवीनतम तकनीकों का सहारा लेकर अपने बच्चे को स्मार्ट बनाते हैं। अनुसंधानकर्ताओं का मानना है कि बच्चों में 50 प्रतिशत बुद्धिमत्ता वंशानुगत होती है और 50 प्रतिशत वे जीवन के अनुभवों से अर्जित करते हैं।

अपने बच्चों के साथ संवाद कायम करना, उनके साथ खेलना और उन्हें इस बात का एहसास दिलाना कि आप उन्हें प्यार करते हैं, वे प्रशंसा के लायक हैं, उनके मस्तिष्क के विकास में सहयोग देता है। शिशु को अभिभावकों को गोदी में लेना, सीने से चिपटाना चाहिए। इस ऊष्मा को पाकर दुनिया पर विश्वास करने की भावना उनके अंदर पैदा होती है। जिन बच्चों को प्यार नहीं मिलता, वे डिप्रेशन के शिकार हो जाते हैं और जीवन में कुछ बन पाने का सपना तक उनके मन में नहीं पलता। माता-पिता और बच्चे के बीच बना वह प्यार का सूत्र बच्चे की सोचने की क्षमता को बढ़ाता है।

अपनाएँ खास टिप्स

प्रतिस्पर्धा के आज के दौर में स्मार्ट बनना किसी संपत्ति से कम नहीं है; लेकिन बच्चों को स्मार्ट बनाने के लिए माता-पिता को उन पर अतिरिक्त दबाव डालने के बजाय कुछ खास टिप्स अपनाने चाहिए।

- अपने बच्चे की सीखने की स्वाभाविक विशेषताओं पर विश्वास करें व तनावमुक्त रहें। अधिकांश माता-पिता मानते हैं कि स्मार्ट बनने के लिए बच्चों को प्रशिक्षण देने की आवश्यकता होती है और इसलिए वे शैशवावस्था से ही उनके लिए इस तरह की कक्षाओं की व्यवस्था करने में जुट जाते हैं। लेकिन कुछ समय ठहरकर उन चीजों के बारे में सोचें, जिन्हें सिखाने के लिए आपको किसी तरह का प्रयत्न नहीं करना पड़ा, जैसे वह बिना किसी की मदद के चलना सीख गया। दूसरों को देख-सुनकर उसे भाषा का ज्ञान हो गया। अगर आप स्वाभाविक गति से उसकी सीखने की प्रक्रिया को चलने दें तो बच्चे को सीखने व स्मार्ट बनने देने से कोई नहीं रोक सकता।

- दुनिया में घटनेवाली चीजों को बच्चे के साथ शेयर करें। अपने आसपास व दुनिया में क्या हो रहा है, इसके बारे में बच्चे अनुभव से सीखते हैं। इसे कोई भी किताब उन्हें नहीं सिखा सकती है। वैसे भी स्मार्ट बनने के लिए किताबी ज्ञान से परे जाकर चीजों को ग्रहण करना आवश्यक होता है। उन्हें दुनिया को एक्सप्लोर करने के लिए अवसर प्रदान करें। उन्हें म्यूजियम, पार्क, पुस्तकालय, संगीत के कार्यक्रमों, थिएटर आदि में ले जाएँ।
- बच्चे को नेतृत्व करने दें। बच्चा जो करना चाहता है, उसमें हस्तक्षेप न करें। अपने विचार व अनुभव उस पर थोपकर उसकी सीखने की क्षमताओं को बाधित न करें। आप यह निर्णय न लें कि वह फलाँ चीज सीख पाएगा या नहीं । कोई भी इनसान तभी सीख पाता है, जब वह उन चीजों से प्रेरित होता है, जिनमें उसकी दिलचस्पी होती है।
- बच्चे को स्वतंत्र वातावरण दें। बच्चा तभी कुछ सीख पाएगा, जब उसे ऐसा वातावरण मिलेगा जिसमें वह नई-नई चीजों को जानकर अपनी उत्सुकता को शांत कर सके। कई बार ऐसा लगता है कि जैसे बच्चे कुछ नहीं कर रहे हैं। लेकिन खाली बैठे रहने या प्रत्यक्ष रूप से किसी गतिविधि में संलग्न न होने के बावजूद हो सकता है, वे किसी नए आविष्कार या खोज में लगे हों। जिन बच्चों पर अत्यधिक दबाव होता है, उनके पास इतनी ऊर्जा नहीं होती है कि वे अपनी रुचि के हिसाब से उसे विस्तृत कर सकें, और इस तरह वे पिछड़ जाते हैं।
- अपने बच्चे के साथ बैठकर पढ़ें। रात को पढ़ने का नियम बना लें। बच्चा जब खुद पढ़ना सीख जाए, तब भी इस नियम को तोड़ें नहीं । किताबी पुस्तकों से हटकर कहानियों की किताबें पढ़ने से न सिर्फ मन की खिड़कियाँ खुलती हैं, वरन् दूसरे देशों की संस्कृति का भी ज्ञान होता है, जिससे उन देशों को जानने का उन्हें बेहतर मौका मिलता है।
- उदाहरण बनें। अगर आप चाहते हैं कि बच्चे जिंदगी की व्यावहारिक बातें सीखें तो उन्हें उदाहरणों से सिखाएँ। यह बात जान लें कि स्मार्ट बनने के लिए शिक्षा के साथ-साथ व्यावहारिक बनना भी आवश्यक है। उन्हें अवलोकन करने दें कि आप किस तरह से समस्याओं का निदान करते हैं। उनके प्रश्नों के उत्तर दें।
- सवाल करें। बच्चों के ज्ञान व कौतूहल दोनों को बढ़ाने के लिए उनसे सवाल पूछना अनिवार्य है। जैसे उनसे पूछें कि तुम्हें क्या लगता है कि वह

चिड़िया क्या कर रही है? ये तारे कहाँ से आते हैं? बच्चों के जवाब का मजाक न उड़ाएँ, बल्कि उन्हें अपने मन की बात कहने के लिए प्रेरित करें। इस तरह अन्वेषण करने की भी उन्हें आदत पड़ेगी।

- पौष्टिक व संतुलित भोजन दें। स्मार्ट बनने के लिए, चुस्त बने रहने के लिए एक्सरसाइज करने के साथ-साथ भोजन पर भी ध्यान देना आवश्यक है। फल, हरी सब्जी, साबुत अनाज, दूध व दूध से बनी चीजें, प्रोटीनयुक्त आहार व मेवे लेना आवश्यक है, और उससे ज्यादा खुश रहना जरूरी है। तनाव दिमाग के स्मृति-केंद्र को कमजोर कर देता है। मानसिक क्रियाओं पर असर डाल समस्याओं से निपटने की क्षमताओं को प्रभावित करता है। बच्चे को एकाग्र होने में परेशानी महसूस होती है।

□

10

डरपोक नहीं, होशियार बनाएँ

हमारे सारे सपने सच हो सकते हैं, अगर हममें उन्हें पूरा करने की हिम्मत हो तो।

—वॉल्ट डिजनी

हिम्मत व होशियारी सारे गुणों में से सबसे महत्त्वपूर्ण हैं, क्योंकि बिना हिम्मत के आप लगातार किसी भी गुण का अभ्यास नहीं कर सकते हैं।

—माया एंगीलो

चार वर्षीय रितु पार्क में लगे स्लाइड (फिसल-पट्टी) को बड़ी उत्सुकता से देख रही थी, पर इतने बड़े स्लाइड पर जाते हुए उसे डर लग रहा था। उसके पिता ने कहा, 'तुम इस पर चढ़ो, कुछ नहीं होगा। मैं नीचे खड़ा हूँ और तुम्हें पकड़ लूँगा।' रितु सीढ़ियों से ऊपर चढ़ी, पर फौरन उतर गई। उसे लगा, वह तेजी से फिसल जाएगी और चोट लग जाएगी। लेकिन उसके पिता ने फिर कोशिश करने को कहा तो उसने दोनों हाथों से कसकर रेलिंग को पकड़ लिया और फिसलने लगी। अपने पिता की आवाज से उसे हौसला मिल रहा था और वह जब नीचे आई तो पिता ने उसे बाँहों में पकड़ लिया। खुशी से वह बोली, 'मैं दुबारा इस पर चढ़ूँगी।'

काम पूरा करने के लिए जरूरत होती है—साहस की तथा मंजिल पर पहुँचने के लिए डर पर काबू पाने की। बिना जोखिम उठाए सफलता प्राप्त नहीं की जा सकती है। अभिभावकों की साहस भरी प्रतिक्रिया बच्चे के अंदर विश्वास और आंतरिक शक्ति उत्पन्न करती है।

जोखिम उठाना अनिवार्य

आज के बदलते दौर में जहाँ एक तरफ महत्त्वाकांक्षाओं ने हर किसी के मन में गहरे तक पैठ बना ली है, वहीं दूसरी तरफ भाग-दौड़ और व्यस्त जीवन-शैली के कारण हर तरह से लोगों की सोच पर प्रभाव पड़ा है। ऐसी स्थिति में अपनी भावी पीढ़ी को समाज व रोजमर्रा की समस्याओं से निबटने के लिए होशियार बनाना नितांत आवश्यक है। इसके लिए उसे एक ऐसे इनसान के रूप में विकसित करना होगा, जो नासमझ न हो, जिसमें चीजों को ग्रहण करने की क्षमता हो, जो जोखिम लेने से घबराए नहीं और जो डरपोक न हो।

बच्चे के अंदर डर या दब्बूपन उसके परिवेश में व्याप्त भ्रामक धारणाओं व उसके प्रश्नों का सही ढंग से समाधान न होने की वजह से ही पैदा होता है। माता-पिता जाने-अनजाने भय के बीज उसके अंदर बोते रहते हैं। कई बार यह सोचकर कि डर से वह उनसे बेतुके सवाल नहीं करेगा या उनकी बात मानेगा। शिशुओं को सुलाने या दूध पिलाने के बाद अकसर माताएँ कहती हैं कि जल्दी से सो जाओ, नहीं तो म्याऊँ बिल्ली आ जाएगी। उम्र बढ़ने के साथ बिल्ली—बंदर, शेर या भालू और कभी-कभी बुढ़िया माई में तब्दील हो जाती है।

कुंठा के शिकार हो जाते हैं

स्कूल जाने के बाद भी अगर माता-पिता उन्हें किसी-न-किसी बात का डर दिखाते हैं तो उनका बाल मन उन्हें सच मान स्वीकारने लगता है और उन चीजों के बारे में सुनकर भयभीत हो जाता है। भय उसे कायर बनाता है। डरपोक बच्चा कभी भी नई चीजों के साथ प्रयोग नहीं करता। उसे डर लगता है कि उससे काम बिगड़ गया तो क्या होगा ? माँ की डाँट पड़ेगी। टीचर व दोस्तों के बीच वह मजाक का पात्र बनेगा।

यही वजह है कि प्रतिभा होने के बावजूद डरपोक बच्चे कभी विजेता के पायदान पर खड़े नहीं हो पाते हैं। ऐसा इसलिए, क्योंकि ऐसे बच्चे कुंठा, हीन भावना के शिकार हो जाते हैं। उन पर कुछ न कर पाने की निराशा हावी रहती है।

पिछड़ जाते हैं जिंदगी की दौड़ में

कहने का तात्पर्य यह है कि डरपोक बच्चे केवल डर के साए में ही नहीं जीते हैं, वरन् वे जिंदगी की दौड़ में भी पिछड़ जाते हैं। वे किसी से मिलने-जुलने से कतराते हैं। उन्हें यही डर लगा रहता है कि बोलते समय कहीं उनसे कोई चूक न हो जाए। इसी वजह से वे अपने आपको अभिव्यक्त नहीं कर पाते हैं। अपनी बात दूसरों

के सामने रखने में उन्हें हिचकिचाहट होती है। कोई दूसरा उनसे कुछ सवाल पूछ ले तो वे घबरा जाते हैं, उनके हाथ-पैर काँपने लगते हैं, पसीना आने लगता है या फिर वे अपने माता-पिता के पीछे जाकर खड़े हो जाते हैं। डरपोक बच्चा हमेशा एक सहारे की तलाश में रहता है, क्योंकि उसके अंदर आत्मविश्वास नहीं, आत्महीनता का बोध होता है। वह अकसर अकेला रहना पसंद करने लगता है। समय रहते अगर इस समस्या से छुटकारा न दिलाया जाए तो वयस्क होने पर वह डिप्रेशन का शिकार हो जाता है।

दें सुरक्षित वातावरण

चूँकि हर प्रवृत्ति और संस्कार परिवार से बच्चों को मिलते हैं, इसलिए जरूरी है कि अभिभावक बच्चे को एक सुरक्षित वातावरण दें और उन्हें अपने डर से लड़ने के अवसर भी। किसी-न-किसी समय पर हर बच्चे के अंदर किसी-न-किसी तरह के डर व्याप्त रहते ही हैं। ये डर सामान्य होते हैं, क्योंकि ये डर उसे वास्तविक खतरे से बचाते हैं और उसे अनावश्यक जोखिम उठाने से रोकते हैं।

अनुसंधानों से यह बात सामने आई है कि बच्चे तीन तरह से डर को ग्रहण करते हैं—स्थितियों के कारण, किसी को डरते देखकर तथा गलत जानकारी प्राप्त करने के कारण। लेकिन अधिकांश डर समय के साथ अपने आप खत्म हो जाते हैं। इन्हें दूर करने में माता-पिता व अध्यापकों की भूमिका बहुत अहम होती है। विभिन्न तरह की सामाजिक वर्जनाओं को उनके भीतर पनपने से रोककर आप निराधार भय से उन्हें मुक्त कर सकते हैं। सबसे महत्त्वपूर्ण है उन्हें निराधार डर से बाहर निकालकर सही-गलत का अंतर करना सिखाते हुए होशियार बनाना। उन्हें कल्पना व सच्चाई का अंतर बताना।

सिखाएँ बाधाओं को दूर करना

राह में आनेवाली बाधाओं को दूर करना सिखाना बच्चे के व्यक्तित्व को सही दिशा में गढ़ने के समान है। बच्चा अगर डरपोक होगा तो कठिनाइयों का सामना करने की सामर्थ्य भी उसमें नहीं होगी, बल्कि वह मुश्किलों से दूर भागेगा। जाहिर सी बात है, इस तरह वह कभी सफल ही नहीं हो पाएगा। जो लोग हिम्मत करके प्रयास का रास्ता अपनाते हैं, उनके लिए किसी भी तरह की बाधा को हटाना कठिन नहीं होता है। वे होशियार कहलाते हैं और विजेता भी बनते हैं।

प्राचीन समय में एक राजा ने एक बड़ा सा पत्थर बीच राह में रख दिया और

यह देखने के लिए कि कोई उसे हटाता है या नहीं, वह एक पेड़ के पीछे जाकर छिप गया। राज्य के बहुत सारे धनी व्यापारी व मंत्री वहाँ से गुजरे, पर किसी ने भी उसे हटाने का प्रयास नहीं किया। कई लोगों ने कहा कि राजा सड़क की सफाई नहीं कराता है। तभी वहाँ एक किसान आया, जिसके सिर पर सब्जियों की टोकरी थी। पत्थर को देखकर किसान ने अपनी टोकरी उतारकर एक तरफ रख दी और पत्थर को हटाने की कोशिश करने लगा। उसे पल भर को भी इस डर ने नहीं सताया कि वह ऐसा नहीं कर पाएगा। केवल तरकीब से वह उसे आगे-पीछे कर हटाने की कोशिश करता रहा और अंततः वह उसे एक किनारे करने में सफल हो गया। तभी उसे वहाँ एक थैली पड़ी नजर आई। उसमें सोने की बहुत सारी अशर्फियाँ व कागज का एक पुरजा था। उसमें लिखा था कि ये अशर्फियाँ उसकी होंगी, जो उस पत्थर को हटाएगा। किसान ने वह बात सीखी, जो बहुत से कायर लोग नहीं समझ पाए कि होशियारी से पार की गई बाधा हर किसी को अपनी स्थिति सुधारने का अवसर देती है।

करें आकलन

बच्चा डरपोक बनता है या होशियार, यह समझने के लिए माता-पिता के लिए उसका आकलन करना आवश्यक है। वे अपने बच्चे को क्या मानते हैं—होशियार या डरपोक? बुद्धिमान या बेकार? प्यार करनेवाला या झगड़ालू? माता-पिता जो लेबल बच्चे पर चिपकाते हैं, वह वैसा ही बन जाता है। वह जैसा है, उस रूप में नहीं, बल्कि जिस तरह का लेबल आप उसे देते हैं, आपका बच्चा उसी रूप में अपने को पहचानने लगता है। अपने बच्चे से कहें कि वह विजेता है, तो वह विजेता बनेगा। कहें कि वह असफल है, तो वह जिंदगी की हर लड़ाई हार जाएगा। अगर वह किसी कंपनी का डायरेक्टर भी बन जाए तो आपका लेबल कि 'वह किसी काम का नहीं है', उसके साथ चलेगा। इसलिए केवल आप ही हैं, जो बच्चे को होशियार बना सकते हैं।

क्या करें

साहसी या डरपोक न बनने की यात्रा जन्म से आरंभ हो जाती है। होशियारी ऐसे ताने-बाने से बँधी होती है, जो बच्चे के विकास की प्रक्रिया के क्रम में साहस व होशियारी को अर्जित करती जाती है। विपरीत स्थितियों में इस धागे की मजबूती की परख होती है। होशियारी या साहस के चार मुख्य पहलू होते हैं, जिन्हें माता-पिता ही उनके अंदर समय रहते पोषित कर सकते हैं—

- **दृढ़ इच्छाशक्ति :** शिशु तक दृढ़ इच्छाशक्ति के लक्षणों को प्रदर्शित करते हैं, यानी किसी काम को पूरा करने की इच्छा। शिशु जमीन पर पड़े खिलौने को उठाने के लिए निरंतर प्रयास करता है, फिर चाहे उसके लिए उसे कितनी ही चोट क्यों न लग जाए।
- **सतर्कता :** जैसे-जैसे बच्चा सतर्क रहने का मतलब सीखने लगता है, वह जोखिम लेने के परिणामों से भी अवगत होने लगता है। चार साल का एक बच्चा अपने छोटे भाई को गरम बरतन छूते देख माँ को आवाज लगाता है। हम नहीं चाहेंगे कि हमारे बच्चे डरपोक बनें, लेकिन हम यह भी नहीं चाहते कि वे बिलकुल भयमुक्त ही रहें। होशियार बनने का अर्थ है—खतरे के समय सतर्कता बरतते हुए स्वयं को बचाना, न कि बेवकूफी भरी हरकतें करना।
- **शांत रहना :** धैर्य बनाए रखना, यानी अपने संवेगों पर नियंत्रण रखना। किसी संकट में घबराने के बजाय उससे निकलने का उपाय सोचना होशियारी कहलाती है। यह वह तकनीक है, जो सीढ़ियों पर चढ़ने से पहले बच्चे को उसे देखकर अपना हौसला बनाए रखने का आश्वासन देती है।
- **खयाल रखना :** यह एक ऐसी विशेषता है, जो बच्चे के अंदर साहस का संचार करती है और उसे बाद में विजेता भी बना देती है। जब आपका बच्चा दूसरों का खयाल रखना, उनकी मदद करना सीख जाता है तो वह दूसरों का सम्मान करने के साथ-साथ उनकी परेशानी दूर करने के लिए त्याग करना भी सीख जाता है। मदद कैसे करनी है, उसके लिए वह अपनी सूझ-बूझ का प्रयोग करता है, जो उसे आप ही दे सकते हैं।
- **कहानियाँ सुनाएँ :** बच्चों को साहस व होशियारी की कहानियाँ सुनाएँ। किसी बात को समझाने से ज्यादा कहानियों का बच्चों पर गहरा असर होता है।

□

11

प्रतियोगिता की भावना बढ़ाएँ

प्रतियोगिता में चरम विजय इस आंतरिक संतुष्टि से आती है कि आपने अपनी तरफ से बेहतर प्रदर्शन किया और जो आपने दिया, उतना बेहतर आपको मिला।

—होवर्ड कोसल

प्रतियोगिता की भावना बच्चों के अंदर बहुत ही आरंभिक अवस्था में प्रवेश कर जाती है। सकारात्मक प्रतियोगिता एक ऐसा पहलू होता है, जो बच्चे को एक तरफ तो विजेता बनने के लिए प्रेरित कर सकता है, वहीं दूसरी तरफ विभिन्न गतिविधियों को ज्यादा उत्साहजनक बना देता है। सकारात्मक प्रतियोगिता सहयोग की प्रवृत्ति और अपने पर विश्वास करने के बीज बच्चों के अंदर प्रस्फुटित करती है।

प्रतियोगिता वास्तव में जीवन की एक सच्चाई है। कुछ बच्चे दूसरों की अपेक्षा अधिक प्रतियोगी होते हैं और इसलिए अपने प्रयासों, मेहनत, ज्ञान, क्षमता व धैर्य को बार-बार परखने के लिए वे अपने को इस स्थिति में डालते हैं। चाहे वह खेल हो, लेखन, कला या पढ़ाई, प्रतियोगी स्थितियाँ उन्हें अच्छा व्यवहार करने के लिए प्रेरित करती हैं, उन्हें जोखिम उठाने का साहस देती हैं।

जोखिम उठाना अच्छा

अपने बच्चे को सिखाएँ कि सही तरह का जोखिम उठाना अच्छा होता है और यह कि जोखिम उठाने से उन्हें उन गतिविधियों को करने में ज्यादा आनंद

आएगा, जो वे पसंद करते हैं। उन्हें इस बात के लिए प्रोत्साहित करें कि हर चीज सहजता से नहीं मिलती, बल्कि उसे पाने के लिए अवरोधों का सामना करने के लिए तैयार रहना चाहिए। जैसे किसी वाद्ययंत्र को बजाने की कोशिश करना, खेलने के नए तरीके अपनाना, हार जाने के बावजूद खेलने या अन्य कोई काम दोबारा करने का प्रयास करना।

जोखिम उठाने का बोध उनके अंदर प्रतिद्वंद्विता की नहीं, प्रतियोगिता की भावना भरेगा और किसी को हराना उनके लिए चुनौती तो बनेगा, लेकिन सकारात्मक सोच के साथ। किसी को हराना उनके लिए अहं का विषय न होकर अपने प्रयासों पर खुशी मनाने जैसा होगा। अपनी क्षमताओं का ज्ञान बच्चे को प्रतियोगिता द्वारा ही हो पाता है। जीतने की भावना इसी से आती है। और विजेता भी वही बनते हैं, जो हर रेस में प्रतियोगिता की भावना रखते हुए हिस्सा लेते हैं।

खेल की भावना जाग्रत् करें

स्पोर्ट्समैनशिप या किसी भी काम को करने के लिए एक स्वस्थ नजरिया रखना सफल होने के लिए बेहद जरूरी है। रोजर फेडरर को सबसे बेहतरीन टेनिस खिलाड़ी माना जाता है; पर वह तब तक मुख्य टूर्नामेंट नहीं जीत पाया था, जब तक कि उसे अपने गुस्से पर काबू करना नहीं आ गया था। अपने को संयत बनाए रखने के कारण ही उसे हराना मुश्किल हो गया। उसे हारना पसंद नहीं था, पर जब वह हार जाता था तो उसने उसे ढाल बनाकर अपने खेल को बेहतर बनाने का माध्यम बनाया।

बच्चों को यह बताना महत्त्वपूर्ण है कि वे चाहे जीतें या हारें, उनके अंदर खेलने की भावना होनी चाहिए। हार जाने पर भी जीते हुए साथी को बधाई दें, ताकि अगली बार और डटकर उससे मुकाबला कर सकें। हार पर अफसोस करने के बजाय अपनी कमियों को जानने का प्रयास करने के लिए कहें। इस तरह उनके मन में चीजों को सही तरह से लेने की आदत व सहयोग की भावना विकसित होगी।

प्रतिद्वंद्विता ठीक नहीं

प्रतियोगिता करना बच्चों के लिए किसी टॉनिक के समान होता है। आजकल माता-पिता बच्चों को सिर्फ इसलिए प्रतियोगिता करने से दूर रखने लगे हैं, क्योंकि वे नहीं चाहते कि उनका बच्चा हार जाने पर आहत हो। इस तरह से वे केवल बच्चों

का अहित ही करते हैं। अगर बच्चा कभी यह नहीं सीखेगा कि हार क्या होती है तो वह आनेवाली जिंदगी में मुसीबतों से कैसे जूझ पाएगा?

घास हमेशा हरी नहीं रह सकती, वह सूखती भी है और पीली भी पड़ती है; पर सही ढंग से खाद व पानी मिलने से वह पुन: हरी हो जाती है। अपने बच्चे के असफल होने पर उसे दुबारा जीतने के लिए प्रेरित करें, एक स्वस्थ भावना के साथ। स्वयं जीतना है और दूसरे को हराना है, ये दोनों ही अलग पहलू हैं। जब स्वयं जीतने की बात आती है, वहाँ प्रतियोगिता का भाव होता है; लेकिन जहाँ दूसरे को हराने की बात आती है तो वहाँ प्रतिद्वंद्विता प्रकट होती है।

होता है क्षमताओं का ज्ञान

प्रतियोगिता की भावना बच्चे को अपने भीतर निहित क्षमताओं को पहचानने व सँवारने की समझ देती है। वह इसके द्वारा अपनी शारीरिक व बौद्धिक योग्यताओं को विकसित कर पाता है। यही नहीं, इससे टीम वर्क की भावना भी पैदा होती है, अपने लक्ष्यों को समझने की समझ आती है और सफल कैसे हुआ जा सकता है, यह आधार भी वह तय करना सीख जाता है।

कुछ कर दिखाने का उत्साह बच्चे को अपने प्रयासों में बढ़ोतरी करने के लिए प्रेरित करता है। हर समय बेहतर करने की ललक उसे अपनी गलतियों को सुधारने के लिए प्रोत्साहित करती है। सोचिए, अगर दो बच्चों के बीच एक-दूसरे से बेहतर कर दिखाने की होड़ ही नहीं होगी तो उनके अंदर उत्साह कैसे आएगा? विजेता होने की चाह उनके अंदर कैसे पनपेगी?

कमियों पर ध्यान दिलाएँ

अनुसंधानों के अनुसार बच्चे का स्वभाव, संस्कृति, प्रतिभा व आयु से यह निर्धारित होता है कि बच्चा किस तरह प्रतियोगिता के परिणामों को झेलता है। बच्चा प्रतियोगिता रखने की चाह के साथ जन्म नहीं लेता है, वह इसे समय के साथ सीखता है। उन्हें सिखाने के लिए काफी हद तक परिवेश, माता-पिता व स्कूली माहौल जिम्मेदार होता है। पाँच वर्ष की आयु के बाद ही बच्चे में प्रतियोगिता करने तथा अपनी क्षमताओं को दूसरे की क्षमताओं से अलग व अंतर करने की भावना विकसित होती है। दस वर्ष की उम्र से पहले बच्चे अकसर टीम की तरह काम करना नहीं सीख पाते हैं। उसी अवस्था में वे हार को शालीनता से स्वीकार करना भी सीखते हैं।

प्रतियोगिता अगर समान स्तर पर हो तो उससे हानि नहीं पहुँचती है, लेकिन जब उसके साथ आक्रोश या बदला लेने की भावना सम्मिलित हो जाती है तो बच्चे के व्यक्तित्व पर इसका नकारात्मक प्रभाव पड़ता है। अपनी कमियों को सुधारने या अपनी क्षमताओं को और निखारने के बजाय उसका ध्यान दूसरे को नुकसान पहुँचाने में ज्यादा रहता है।

हार-जीत दोनों का संतुलन जरूरी

बाल-मनोवैज्ञानिक मानते हैं कि कुछ बच्चे उसी स्थिति में बेहतर प्रदर्शन कर पाते हैं, जब वे प्रतियोगिता करते हैं। लेकिन कुछ बच्चों से जब दूसरे बच्चों के साथ या उनसे बेहतर करके दिखाने के लिए कहा जाता है तो वे घबरा जाते हैं और क्षमता के बावजूद अपने काम को ठीक से अंजाम नहीं दे पाते हैं।

माता-पिता व अध्यापकों के लिए यह समझना आवश्यक है कि प्रतियोगिता एक जटिल प्रक्रिया होती है और हर बच्चा उसे सहने की क्षमता नहीं रखता है। असफल होने का दुःख बच्चे को जिंदगी भर के लिए हताशा के सागर में डुबो सकता है। आत्मविश्वास को जाग्रत् करने और अपने आप पर भरोसा करने के लिए प्रतियोगिता का सहारा लेना एक उपयुक्त माध्यम बेशक है, पर उससे पहले बच्चे को हारने की सीख देना जरूरी है। जो बच्चा कला के क्षेत्र में दिलचस्पी रखता हो, उसका विज्ञान की प्रतियोगिता में हिस्सा लेना एक अन्य चीज को सीखने के समान तो हो सकता है, पर उसमें असफल होने पर उसे डाँटें नहीं, वरन् कला के क्षेत्र में अव्वल आने पर उसे बधाई दें। प्रतियोगिता का अर्थ ही है—जीतना व हारना। इसलिए दोनों में संतुलन कर ही जीवन में आगे बढ़ा जा सकता है। इससे जीत व हार के प्रति एक स्वस्थ सोच उनके भीतर पनपती है।

आता है अनुशासन

जो बच्चे प्रतियोगिताओं से डरते नहीं हैं और पूरे जोश के साथ उनमें उतरते हैं, उनके अंदर निर्णय लेने की क्षमता भी बहुत जल्दी आ जाती है। उन्हें अपने ऊपर नियंत्रण करना तो आता ही है, साथ ही वे अनुशासित व परिपक्व भी हो जाते हैं। जो बच्चे अपने में सुधार नहीं करना चाहते, वे किसी दूसरे से होड़ भी नहीं करते। जीतने से पहले ही वे हार मान लेते हैं। इसी वजह से गतिविधियों में उनकी हिस्सेदारी नाम मात्र को या अध्यापकों के बाध्य करने पर ही होती है।

क्या करें

- उनके अंदर समस्याओं को सुलझाने की योग्यता विकसित करें।
- दूसरों के साथ मिल-जुलकर काम करना सिखाएँ।
- प्रतियोगिता के दौरान बेईमानी से दूर रहना सिखाएँ। काबिलीयत पर भरोसा रखनेवाले बच्चों को अपने मूल्यों का गला नहीं घोंटना पड़ता।
- किसी को शारीरिक या मानसिक रूप से नुकसान पहुँचाने से बच्चों को रोकें।
- किसी प्रतियोगी गतिविधि में भाग लेने से पहले अपने बच्चों को विभिन्न तरह की गतिविधियों को करने के लिए प्रेरित करें।

□

12

दृढ़ इच्छाशक्ति जरूरी

इस दुनिया में दृढ़ इच्छाशक्ति की जगह कोई नहीं ले सकता है। प्रतिभा भी नहीं, प्रतिभावान् व्यक्ति भी असफल होते हैं। जीनियस भी नहीं, क्योंकि जिस जीनियस को दुनिया पहचाने ही नहीं, उसका कोई फायदा नहीं। शिक्षा भी नहीं, दुनिया में करोड़ों विद्वान् हैं। केवल दृढ़ इच्छाशक्ति ही सबसे सर्वोपरि है, जो तमाम बाधाओं और समस्याओं का समाधान करने की योग्यता रखती है।

—जॉन कैल्विन कूलिज

विल्मा रोडॉल्फ की दृढ़ता से कौन अपरिचित है? एक तेज धावक के रूप में उसने विश्व भर में अपनी धाक जमाई। जब वह चार वर्ष की थी, तो पोलियो हो जाने की वजह से वह चलने में अक्षम हो गई थी। गरीबी की वजह से उसका इलाज नहीं हुआ, जिससे उसकी हालत और खराब होती गई। उसके बाईस भाई-बहन थे, इसलिए उसके कुली पिता के लिए रोटी का ही जुगाड़ करना असंभव-सी बात थी। पर उसकी माँ ने फिर भी अपनी कोशिश जारी रखी और डॉक्टर की सलाह के अनुसार उसके पैरों की रोज मालिश करने लगी। उसने उसके सारे भाई-बहनों को यह करना सिखा दिया, ताकि दिन में चार बार उसकी मालिश हो सके। जब वह आठ वर्ष की हुई तो लकड़ी लेकर चलने लगी और बाद में उसने खास तरह के ऊँचे जूते पहनने शुरू कर दिए। वह रोज अपने भाइयों के साथ बास्केट बॉल खेलने लगी। तीन वर्ष बाद वह नंगे पैर बास्केट बॉल खेलने में सक्षम हो गई थी।

एक ट्रैक कोच ने उसे दौड़ लगाने के लिए प्रेरित किया। वर्ष 1956 में उसने मेलबोर्न, ऑस्ट्रेलिया में होनेवाले ओलंपिक्स में हिस्सा लिया। फिर सन् 1960 में उसने रोम में 200 मीटर की दौड़ जीतकर दुनिया भर में एक रिकॉर्ड कायम किया। जो बच्ची बचपन में चलने में असमर्थ थी, वही एक दिन तेज धाविका बन स्वर्ण पदक जीतेगी, किसने कल्पना की थी ? पर विल्मा ने अपनी हिम्मत और कुछ कर दिखाने की दृढ़ता के बल पर असंभव को भी संभव कर दिखाया।

अभ्यास किया जा सकता है

यकीनन सफलता पाने का सबसे महत्त्वपूर्ण अंग दृढ़ इच्छाशक्ति है। यानी अपने कार्यों व मनोभावों पर नियंत्रण कर पाना तथा कठिनाइयों में भी हार न मानना। इस विशेषता के साथ बेशक कोई पैदा नहीं होता है, पर अपनी अंदरूनी क्षमता व अभ्यास द्वारा इसे पाया जा सकता है। छोटे बच्चे इस तरह इसका अभ्यास कर सकते हैं, जैसे वे अपने मनपसंद टी.वी. प्रोग्राम देखने के बजाय होमवर्क करें, अपने छोटे-छोटे लक्ष्यों को पूरा करने का संकल्प करें। अपने लक्ष्यों को लिखकर बच्चे इच्छाशक्ति का विकास कर सकते हैं। अगर वे कहते हैं कि मैं ज्यादा पढ़ाई करूँगा तो इसका कोई फायदा नहीं होगा। लेकिन अगर वे रोज दो घंटे तक पढ़ने का निश्चय करते हैं तो इस तरह कुछ करने का फैसला करना और उसको पूरा करने की ओर इंगित करना होगा।

दृढ़ता से मिलती है सफलता

स्कूल जानेवाले बच्चे अकसर अपने मित्रों या साथ में पढ़नेवाले बच्चों से प्रभावित हो जाते हैं। लेकिन उनके दबाव में आकर कुछ काम करने के बजाय उन्हें अपना अनुसरण करने के लिए प्रोत्साहित करें। वे अपने आपसे कहें कि वे हर क्षेत्र में अच्छे हैं। अपने बारे में रखी गई सकारात्मक भावना आगे बढ़ने के रास्ते खोलती है। इस तरह उनकी इच्छाशक्ति उन्हें कमजोरी के क्षणों पर काबू पाने की हिम्मत देती है।

दृढ़ निश्चयी होने का सीधा-सा अर्थ है—अपनी प्राथमिकताओं को तय करना। बच्चों को यह पता होना चाहिए कि क्या वे त्याग करने को तैयार हैं ? क्या वे ऐसे लक्ष्य को पूरा करने का प्रयास करने को तैयार हैं, जिसे पूरा होने में बहुत वक्त लगेगा ?

अगर दृढ़ता हो तो पढ़ाई भी महत्त्व नहीं रखती है। बुद्धिमत्ता बहुत आवश्यक है; पर ऐसे अनेक उदाहरण हैं जब बुद्धिमान लोग दृढ़ इच्छाशक्ति न होने की वजह

से जीवन में फेल हो गए। अपने-अपने क्षेत्रों में नाम अर्जित करनेवाले ऐसे कई लोग हैं, जो कम पढ़े-लिखे होने के बावजूद तथा खराब आर्थिक स्थितियों व शारीरिक कमजोरियों के बावजूद अपनी इच्छाशक्ति के बल पर इतने आगे निकल गए कि मिसाल बन गए। यही कारण है कि कई लोग हाथ न होने पर पैरों की उँगलियों से भी पेंटिंग कर लेते हैं। अंधे होने पर भी दूसरों को पढ़ाते हैं, पैर न होने पर भी वैज्ञानिक बन जाते हैं। इच्छाशक्ति के बल पर ही किसान के बेटे होने पर भी अब्राहम लिंकन अमेरिका के राष्ट्रपति बने, भिक्षा माँगनेवाले तुलसीदास इसी के बल पर 'रामचरितमानस' लिख पाए।

निर्णय लेने में भागीदार बनाएँ

बच्चों को ऐसे अवसर प्रदान करें, जिनसे वे अपनी इच्छाशक्ति का प्रयोग कर सकें। ऐसे छात्र जो शारीरिक रूप से कमजोर होते हैं, उन्हें अगर किसी योजना को बनाने, निर्णय लेने या विभिन्न गतिविधियों में हिस्सा लेने के लिए प्रेरित किया जाए तो वे उन बच्चों की अपेक्षा, जो किसी गतिविधि में भाग नहीं लेते और अपने निश्चयों पर भरोसा नहीं करते, पढ़ाई में आगे निकल जाते हैं।

अनुसंधानों से यह बात सामने आई है कि दृढ़ता बच्चे को विजेता बनाने का एक सबसे महत्त्वपूर्ण पहलू है और स्कूल में बच्चे का सर्वांगीण विकास इसके बल पर किया जा सकता है। ऐसे कई तरीके हैं, जिनसे आप बच्चे की इच्छाशक्ति को विकसित कर सकते हैं। अभिभावक होने के नाते आप खुद उनके लिए एक उदाहरण बन सकते हैं। जब भी बच्चा कोई काम करे तो उसे शाबाशी दें और दूसरे काम को भी पूरा करने को प्रोत्साहित करें। अपने बच्चे के दिमाग में ऐसा बीज रोपें, जो एक खूबसूरत फूल में विकसित हो सके। यानी दृढ़ता का बीज रोपें, ताकि वह तमाम बाधाओं के बावजूद खुद को विजेता के पायदान पर खड़ा कर सके।

मुश्किलें भी हार जाती हैं

सन् 1883 की बात है। जॉन रोब्लिंग नामक इंजीनियर के मन में एक ऐसा पुल बनाने की बात आई, जो न्यूयॉर्क को एक लंबे द्वीप के साथ जोड़ सके। हालाँकि दुनिया भर के पुल बनानेवाले विशेषज्ञों की एकमत से यही राय थी कि ऐसा करना असंभव है। उन्होंने रोब्लिंग को ऐसा करने से मना किया। उन्होंने कहा, 'पहले ऐसा कभी नहीं किया गया है।' लेकिन रोब्लिंग के दिमाग में तो जैसे

उस पुल का खाका बन गया था और उसका दिल कहता था कि वह ऐसा कर पाएगा। आखिर बहुत विचार-विमर्श के बाद उसने अपने बेटे वाशिंगटन को, जो खुद इंजीनियर था, इस बात के लिए तैयार कर लिया कि ऐसा पुल सचमुच में बन सकता है।

पिता-पुत्र एक साथ मिलकर योजना बनाने लगे कि कैसे इस कार्य को अंजाम दिया जाए तथा राह में आनेवाली बाधाओं को किस तरह पार किया जाए? बड़े उत्साह से उन्होंने अपनी टीम तैयार की और काम में जुट गए। प्रोजेक्ट बहुत ढंग से आरंभ हुआ, पर कुछ ही महीनों बाद पुल-निर्माण की जगह पर एक दुर्घटना में रोब्लिंग की मृत्यु हो गई। वाशिंगटन भी घायल हुआ, जिसकी वजह से उसके दिमाग पर चोट लगी। इस वजह से वह चलने या बोलने के काबिल नहीं रहा।

लोगों ने कहा कि 'ऐसा तो होना ही था। वे मूर्ख लोग थे, जो ऐसी चीज बनाने के बारे में कल्पना की।' सबने कहा कि अब इस काम को बंद कर देना चाहिए, क्योंकि रोब्लिंग ही जानता था कि पुल का निर्माण कैसे करना है। लेकिन अपनी दुरवस्था के बावजूद वाशिंगटन ने हिम्मत नहीं हारी थी और अभी भी पुल बनाने की इच्छा उसके अंदर जोर मार रही थी। उसका दिमाग हमेशा की तरह तेज था। उसने अपने मित्रों से इस बारे में बात की। पर सबने असहमति जताई। अस्पताल में लेटे-लेटे भी उसके अंदर विश्वास था कि वह इसे पूरा करेगा। वह केवल अपनी उँगलियाँ चला सकता था। उन्हीं के सहारे उसने अपनी पत्नी के साथ संवाद कायम करना आरंभ किया। फिर उँगलियों के सहारे ही उसने अपने इंजीनियरों को बताया कि काम कैसे करना है। काम फिर शुरू हो गया।

तेरह वर्षों तक वाशिंगटन, जब तक कि पुल पूरी तरह से बन नहीं गया, अपनी पत्नी की बाँहों पर उँगलियाँ चलाते हुए हिदायतें देता रहा। आज वह 'ब्रोकलिन पुल' एक व्यक्ति की दृढ़ इच्छाशक्ति के प्रतीक के रूप में खड़ा है, जिसने ऐसी स्थिति में भी हार नहीं मानी। जिस आदमी को पूरी दुनिया पागल कहती थी, उसी ने बिस्तर पर लेटे-लेटे अपने पिता के सपने को साकार कर दिया। यह उसकी पत्नी की दृढ़ इच्छाशक्ति का भी प्रतीक है, जो लगातार तेरह वर्षों तक अपनी बाँह पर संदेश लेकर इंजीनियरों को देती रही और पल भर के लिए भी जिसने पति पर अविश्वास प्रकट नहीं किया। अपनी शारीरिक क्षमता के बावजूद अपनी दृढ़ इच्छाशक्ति के बल पर वाशिंगटन ने संसार का एक खूबसूरत पुल बनाकर दिखा दिया।

सीखें चींटी से

दुनिया में आज तक जितने भी बड़े व उल्लेखनीय कार्य हुए हैं, वे व्यक्ति की दृढ़ इच्छाशक्ति के बल पर ही हुए हैं। जितनी ज्यादा दृढ़ता होगी उतना ही ज्यादा काम और रास्ते आसान होते जाएँगे, क्योंकि इसी से हमारे मन और शरीर नियंत्रित होते हैं। तभी तो निर्बल व्यक्ति भी सक्षम बन जाता है। विजेता बनने और हर कदम पर सफल होने के लिए बच्चे की मदद उसका दृढ़ निश्चय ही करता है। चींटी की इच्छाशक्ति ही उसे बार-बार गिरने पर भी दीवार पर चढ़ने को प्रेरित करती है।

क्या करें

- **निर्णय लेने दें :** बच्चों को घर-परिवार से जुड़ी समस्याओं या रोजमर्रा की बातों से दूर न रखें। छोटा है, इसलिए उसकी राय लेना जरूरी नहीं, ऐसा न कहें। उससे विचार-विमर्श करें, समाधान ढूँढ़ने के लिए कहें और उसके निर्णय का सम्मान करें। इस तरह वे अपने व्यवहार का आकलन करना भी सीखेंगे और कुछ करने व समस्याओं से निबटने की दृढ़ता भी उनके अंदर आएगी।
- **चुनौतियों का सामना करने के लिए प्रेरित करें :** बच्चे तभी हारा हुआ महसूस करते हैं या प्रयास करने से कतराते हैं, जब अभिभावक आगे बढ़कर उनकी मदद कर देते हैं। उन्हें असफलताओं से जूझने के काबिल बनाने के बजाय राहें ढूँढ़ते हैं। इससे बच्चा अपने आप कुछ नहीं करता और चुनौतियों के सामने घुटने टेक देता है। उनकी मदद करें, पर पहले उन्हें कोशिश करने दें।
- **मैं कर सकता हूँ :** बच्चे के अंदर आरंभ से ही यह बात डालें कि वह चाहे तो कुछ भी कर सकता है। 'मैं कर सकता हूँ' की भावना उसके अंदर विकसित होते ही असंभव भी संभव हो जाएगा।
- **खुद करके दिखाएँ :** जहाँ अभिभावक स्वयं परास्त नहीं होते और बच्चे के सम्मुख यह आदर्श पेश करते हैं कि मन में विश्वास हो तो कोई भी कार्य मुश्किल नहीं , वहाँ बच्चों के अंदर भी किसी काम को लेकर संशय नहीं पनपता है। न तो वे काम करने से पहले ही हार मान लेते हैं और न ही काम करने के दौरान। वे काम को अधूरा छोड़ने के बजाय उसे पूरा करके ही रहते हैं।

□

13

बच्चों को खुद पर यकीन करना सिखाएँ

बिना आपकी मरजी के आपको कोई भी हीनता का बोध नहीं करा सकता है।

—एलेनर रूजवेल्ट

"मम्मी, इतनी सारी सीढ़ियाँ! यहाँ मैं नहीं चढ़ सकूँगा, आप मुझे गोदी में ले लो।" बिट्टू ने कहा तो उसकी मम्मी ने जवाब दिया, "किसने कहा कि तुम नहीं चढ़ सकते? कितना तेज भागते हो और फिर होशियार बच्चे तो फटाफट हर काम कर लेते हैं। चलो देखते हैं, पहले कौन चढ़ता है!" उसकी मम्मी ने तेज-तेज चढ़ना शुरू किया तो बिटटू को भी रेस का मजा आने लगा। जब वह पहले पहुँच गया तो हाँफने के बावजूद वह बहुत खुश था। उसकी माँ द्वारा उसकी क्षमताओं में विश्वास रखने के कारण ही वह निरंतर हर तरह की रेस जीतता रहा, क्योंकि छोटी-छोटी जीत हासिल करने से उसे अपने पर यकीन करना आ गया था।

आप वही हैं, जैसा आप अपने बारे में सोचते हैं। विजेता का सबसे अहम गुण होता है कि वह इस बात पर यकीन करता है कि वह जीतेगा अवश्य। जब एक बार अपने ऊपर विश्वास कायम हो जाता है तो हर तरह की परिस्थितियों में स्वयं को ढालना आसान हो जाता है।

सही मार्गदर्शन का अभाव

जीवन में सोच सबसे महत्त्वपूर्ण है। यह शिक्षा, धन, सफलता-असफलता आदि सबसे ज्यादा अहम है। यह शक्ल-सूरत, योग्यता या क्षमता से भी अधिक

मायने रखती है। जीवन का 10 प्रतिशत घटने का होता है और 90 प्रतिशत उस पर कैसे प्रतिक्रिया की जाती है, उसका होता है। यानी हम अपनी सोच के अधीन होते हैं। जैसा हम सोचते हैं वैसा ही होता है, इसलिए अपने पर यकीन करेंगे तो यकीनन सब सपने साकार हो जाएँगे।

अभिभावक व शिक्षक बच्चों को सबसे अहम चीज सिखा सकते हैं, वह है अपने व अपने द्वारा किए गए कामों के बारे में एक सकारात्मक सोच रखना। अपने पर विश्वास रखते हुए जीवन में आनेवाली हर कठिनाई को पार करना। बच्चे अपने बारे में कैसा सोचते व महसूस करते हैं, यही बात निर्धारित करती है कि वे क्या हैं, वे क्या बनेंगे, वे कैसे सीखेंगे, वे कितने खुश हैं और कैसा वे दूसरों के साथ व्यवहार करते हैं?

असल में बच्चे जब 'मैं' या 'मेरा' कहकर बात करने लगते हैं, तब इसका मतलब होता है कि वे अपने और अपनी क्षमताओं के बारे में अवगत हैं। लेकिन सही मार्गदर्शन मिलने के अभाव में अपने प्रति जागरूकता होने के साथ उनके अंदर अपनी खुद की सराहना करना या अपनी योग्यताओं पर भरोसा करना जुड़ नहीं पाता है।

अहमियत का बोध कराएँ

बच्चे अपने पर भरोसा करने के एहसास के साथ जन्म नहीं लेते हैं, बल्कि अन्य सभी बातों की तरह वे इसे भी सीखते हैं। विशेषकर उन वयस्कों से, जो उनकी जिंदगी में महत्त्वपूर्ण भूमिका निभाते हैं। बच्चों की अपने प्रति धारणा—यानी वे योग्यता, मूल्यों, सीमाओं व अपनी अहमियत के संदर्भ में क्या सोचते हैं, यह व्यापक रूप से इस बात पर निर्भर करता है कि दूसरे उनके बारे में कैसा और क्या सोचते हैं और उनके व्यवहार पर कैसी प्रतिक्रिया करते हैं। इसका अर्थ है—बच्चों की भावनाओं व आवश्यकताओं के प्रति संवेदनशील होना।

अगर बच्चे को अपना जवाब पाने या माता-पिता का ध्यान पाने के लिए लंबे समय तक इंतजार करना पड़े तो उसे लगता है कि उसकी कोई अहमियत ही नहीं है। बच्चा जब आपके पास आए और उस समय व्यस्तता के बावजूद अगर आप उसके कंधे पर थपथपा दें या मुसकरा दें तो उसे यकीन हो जाएगा कि आपका प्यार व सहयोग उसके साथ है।

बच्चा चीजों को कैसे ग्रहण करता है, इस बात पर ही मुख्यतया उसकी सोच व अपने बारे में उसकी राय कायम होती है। अगर बच्चा यह मानकर चले कि वह यह काम कर ही नहीं सकता है तो वास्तव में उस काम को करने की

उसकी क्रियाशीलता खत्म हो जाएगी। लेकिन अगर वह सफलता प्राप्ति के प्रति निश्चित हो तो फिर कोई उसे कामयाब होने से नहीं रोक सकता है। असंभव व संभव के बीच का अंतर उसके अपने व अपनी क्षमताओं पर यकीन करने पर निर्भर होता है।

आलोचना न करें

बहुत अच्छे बनने या अच्छा व्यवहार करने की बच्चे से हमेशा अपेक्षा करना उसकी योग्यताओं व विश्वास को हानि पहुँचा सकता है। अगर बच्चे से लगातार यह कहा जाए कि वे इससे बेहतर कर सकते थे या थोड़ी और मेहनत करनी चाहिए थी, तो बच्चों के लिए अपने बारे में अच्छा सोचना कठिन ही हो जाता है। वे अपने को असफल मानने लगते हैं और फिर वे असफल ही बन जाते हैं। ऐसे माता-पिता, जो अत्यधिक परफेक्शिनस्ट होते हैं, वे हमेशा बच्चे की आलोचना ही करते रहते हैं। उनके हर काम में उन्हें कोई-न-कोई गलती दिखाई देती है, जिस कारण वे उनकी कभी प्रशंसा ही नहीं कर पाते हैं।

बच्चों द्वारा किए कई छोटे पर महत्त्वपूर्ण प्रयासों को वे नजरअंदाज कर देते हैं और केवल उनकी कमियों पर ही उनका ध्यान केंद्रित रहता है। इससे बच्चे के अंदर हीनता व कुछ न कर पाने की ग्लानि भर जाती है। नतीजतन वह क्रोधी बन जाता है और माता-पिता के प्रति एक नाराजगी का भाव अपने अंदर पाल लेता है। ऐसा बच्चा कभी आत्मनिर्भर नहीं बन पाता और हमेशा अनिश्चय की स्थिति में रहता है।

इसके विपरीत बच्चों की छोटी-छोटी परेशानियों व इच्छाओं का ध्यान रखने से भी उनके अंदर खुद कुछ न कर पाने की भावना आ जाती है। जब बच्चों को अपनी सीमाओं का ज्ञान न हो तो वे अत्यंत अव्यवस्थित हो जाते हैं तथा अत्यधिक हीन भावना उन्हें घेर लेती है।

शब्दों का असर

क्या आप चाहते हैं कि आपका बच्चा ज्यादा जिम्मेदार बने ? उसका पढ़ाई में दिल लगे ? वह ईमानदार बने ? अपनी आलोचना को सहने की उसमें क्षमता हो ? बदलावों का सहजता से सामना कर पाए ? इस तरह का सकारात्मक विकास तभी संभव है, जब बच्चे अपने पर भरोसा करना सीखते हैं। अपनी भावनाओं को समझना और उनका सम्मान करना ही यकीन करने की परिभाषा है। यह यकीन ही दृष्टिकोण को निर्मित करता है तथा निर्णयों को लेने व अवसरों को पहचानने में मदद

करता है। खुद पर जो बच्चा विश्वास करता है, जीवन भर वह एक शक्तिशाली प्रभाव, फिर चाहे वह उसके काम में हो या दिशा में हो, से प्रभावित रहता है।

यह भरोसा कायम कैसे होता है ? बचपन में, बच्चों के अनुभवों से यह पैदा होता है। माता-पिता उसके साथ कैसा व्यवहार करते हैं, उससे यह उपजता है। शिशु को प्यार व ध्यान चाहिए होता है। धीरे-धीरे जब वह बड़ा होता है तो मित्रों का प्रभाव उसकी सोच पर पड़ता है।

अभिभावक की कही बातें बच्चे पर गहरा असर डालती हैं। अगर वह खिलौने फेंकता है तो यह कहकर कि तुम गंदे बच्चे हो, उसके विश्वास को डिगाने के बजाय कहा जा सकता है कि खिलौने फेंकने के लिए नहीं होते हैं। उसके कार्य या व्यवहार पर सीधे आक्षेप करने के बजाय उसको समझाना आवश्यक होता है कि सही क्या है और गलत क्या है।

देखने का नजरिया

बच्चे जो करना चाहते हैं, उसी दिशा में उन्हें अपने पर यह यकीन करते हुए प्रयास करते रहना चाहिए कि जीत उनकी ही होगी। राह में आनेवाली चुनौतियाँ ही लक्ष्यों तक पहुँचने में मदद करती हैं। जो बच्चे जल्दी हार नहीं मानते और खुद की क्षमताओं पर यकीन रखते हैं, वे चुनौतयों का सामना भी युक्तिपूर्ण ढंग से कर पाते हैं। वे असफलताओं से घबराकर प्रयास करना छोड़ नहीं देते हैं। उनके लिए निर्णय लेना आसान होता है और नए प्रयोग व परीक्षण करने से वे कतराते नहीं हैं।

विश्वास हो तो समस्याओं का समाधान मिल जाता है। रोम के दार्शनिक एपिकटीटस का मानना था कि केवल घटनाएँ ही नहीं, उन्हें हम किस दृष्टिकोण से देखते हैं, हमें प्रभावित करती हैं। हम दुनिया को उसी नजर से देखते हैं, जिस तरह का हमारा विश्वास होता है। जैसे, जिस व्यक्ति को दुनिया बुरी लगती है, वह हमेशा डरा रहता है और जिस व्यक्ति को दुनिया खूबसूरत लगती है, वह शांत रहता है, उसमें कुछ भी करने का विश्वास होता है।

एक किसान था। उसे अपने गाँव से पहाड़ दिखता तो वह सोचता कि वह उस पर एक दिन अवश्य चढ़ेगा। लोग उसका मजाक उड़ाते कि तुम वहाँ कैसे पहुँच सकते हो ? इतना दुर्गम रास्ता है और पूरी राह में अँधेरा है! किसान उनकी बात सुनता तो सोच में पड़ जाता। एक-दो बार तो उसका हौसला भी टूटा और उसने सोचा कि सच में पहाड़ पर चढ़ना मुश्किल काम है। उसने गाँववालों से साथ चलने का आग्रह किया, पर सबने उसका उपहास ही उड़ाया।

एक दिन उसने केवल अपने मन की बात सुनी और खुद को यकीन दिलाया कि वह पहाड़ पर पहुँच सकता है, क्योंकि उसे अपनी क्षमताओं पर भरोसा है। वह एक दिन आखिरकार लालटेन लेकर निकल पड़ा। उस समय अँधेरा था। लोगों ने कहा कि इस लालटेन से तो केवल दस कदमों की दूरी ही दिखाई देती है। इस पर किसान बोला, 'इसमें मुश्किल क्या है, दस-दस कदमों की दूरी पार करता हुआ मैं अवश्य ही पहाड़ पर पहुँच जाऊँगा।' इस तरह वह अपनी मंजिल तक पहुँचने में कामयाब हो गया।

प्रयास करना न छोड़ें

हर इनसान के अंदर आश्चर्यजनक क्षमताएँ होती हैं। अगर हम अपने पर यकीन रखते हैं तो बहुत बार कोशिश करने पर भी यह लगे कि चीजें हमारे अनुकूल नहीं हैं, तब भी केवल अपने पर भरोसा होने पर कठिन परिस्थितियों को पार किया जा सकता है। मैं कर सकता हूँ, जब यही हम सोचें, यही कहें तो आपका जीवन दूसरों के लिए एक उदाहरण बन सकता है। हार न मानो, अपने सपनों को जीवंत रखो—ये टिप्स हर बच्चे को अभिभावकों को देनी चाहिए।

हमारे देश में हाथी को रस्सी से बाँधा जाता है। एक हाथी, जिसमें लकड़ी के बड़े-बड़े लट्ठों को उठाने की क्षमता होती है, क्या वह उस रस्सी को नहीं तोड़ सकता? जब हाथी छोटा होता है तो महावत के रस्सी से बाँधने पर वह उसे तोड़ने का बहुत प्रयत्न करता है, पर तब वह इतना शक्तिशाली नहीं होता कि उसे तोड़ सके। लाख कोशिश करने पर भी वह सफल नहीं हो पाता है। धीरे-धीरे वह इस बात पर यकीन कर लेता है कि वह उसे कभी तोड़ ही नहीं पाएगा। फिर वह कोशिश करना तक छोड़ देता है। हम सब भी ऐसा करते हैं। एक बार विश्वास कायम करने के बाद कुछ कर पाने का भरोसा ही तोड़ देते हैं।

बच्चों को अपनी उन्नति का एक चार्ट बनाने को प्रोत्साहित करें। जिन चीजों से खुशी मिलती है, उसकी रोज एक लिस्ट तैयार करे।

अपने हर सप्ताह में पूरे करनेवाले लक्ष्यों का आकलन करें। कहाँ कमी है, उस पर ध्यान दें।

प्रेरणादायक जीवनियाँ व कहानियाँ पढ़ें।

अपनी खूबियों की लिस्ट बनाएँ। अपनी खूबियों को पहचानने से असफलता मिलने पर भी आप प्रयास करना नहीं छोड़ेंगे।

क्या करें

- बच्चे को अगर कोई कार्य कठिन लगे तो उससे कहें कि वह एक बार कोशिश अवश्य करे।
- अगर उसे कोई चीज पसंद नहीं है तो नकारात्मक प्रतिक्रिया देने के बजाय उससे जानें कि उसे फलाँ चीज या काम पसंद क्यों नहीं है और फिर वह सही कैसे लग सकती है, उसकी जानकारी दें। उसे खुश करने के लिए उसकी 'हाँ' में 'हाँ' मिलाने की गलती न करें।
- बच्चे के गलती करने पर उसे कभी यह एहसास न दिलाएँ कि आप उससे प्यार नहीं करते; बल्कि उसे यह यकीन होना चाहिए कि आप हमेशा उसके साथ हैं। उसे गलतियों से सीखने की प्रेरणा दें।
- बच्चा आपके कहे कुछ शब्दों से अपने पर यकीन करना सीख भी सकता है और उसका हौसला टूट भी सकता है। बच्चों से बात करते समय 'न' शब्द से दूर रहें, किसी की आलोचना न करें वरन् एक आदर्श बनें, ताकि बच्चा आपको देख खुद की क्षमताओं पर यकीन करे। इस तरह वह दूसरों से और अपने से प्यार करना भी सीख जाएगा।
- नकारात्मक संबोधन या गलत नामों से उसे न पुकारें—जैसे आलसी, मूर्ख, बेकार या गँवार आदि।
- अपने बच्चे से कहें कि वह खास है।

□

14

अनुशासित जीवन व समय-प्रबंधन

अनुशासन एक कुंजी है। यह समृद्धि व खुशी के द्वार को खोलती है, संस्कृति व आत्मविश्वास को दिशा देती है और कार्य को सही ढंग से कर पाने का गर्व व संतुष्टि देती है। अनुशासन का अर्थ है सफलता की सीढ़ियाँ चढ़ते जाना।

—जिम रौन

अनुशासन का अर्थ होता है—नियंत्रित व सही ढंग से कार्य करना। अनुशासन के बारे में सबसे मजेदार बात यह है कि अगर तुम प्रतिदिन अनुशासित जीवन व्यतीत करते हो तो एक दिन ऐसा चमत्कार हो जाता है कि आपके सारे सपने साकार हो जाते हैं।

संतुलन आवश्यक

बच्चा जन्म के समय एक खाली स्लेट की तरह होता है, जिस पर अभिभावक अपने अनुभवों से एक कहानी लिखते हैं। बच्चा जब बड़ा होता है तो वह अपने अनुसार चीजों को गढ़ना सीख जाता है, हालाँकि नींव वही होती है, जो उसके माता-पिता ने रखी होती है। हर कोई कमजोर नींव पर बनी इमारत के परिणाम से परिचित है। अपने बच्चे को आरंभ से ही अनुशासित करने का मतलब है—उसे सही राह की ओर ले जाते हुए जीने के सही तरीकों से युक्त करना।

बच्चे को अनुशासित करने की तुलना एक रस्सी पर चढ़ने से की जा सकती

है। रस्सी बहुत अधिक ढीली हो तो भी उसके टूटने व गिरने की संभावना बनी रहती है और अगर रस्सी अधिक कसी हुई हो तो भी उस पर चलना मुश्किल हो जाता है। इसलिए बच्चे की परवरिश करते हुए न तो अभिभावकों को अत्यधिक लचीला व्यवहार रखना चाहिए और न ही तानाशाही। एक संतुलन कायम करना आवश्यक है।

अनुशासन की बात आते ही अकसर माता-पिता कहते हैं कि बच्चा अगर उलटकर जवाब दे या अपनी चीजें जगह पर न रखे तो उससे सख्ती से पेश आना चाहिए, वरना वह कभी काम करना या सही व्यवहार करना सीखेगा ही नहीं । यह सोचने का एक तरीका हो सकता है, पर यह तो स्थितिजनक व्यवहार या आदतें होती हैं, जो समय के साथ बदलती रहती हैं। इनके लिए अत्यधिक कठोर या उनकी मार-पिटाई करना मनोवैज्ञानिक असंगत मानते हैं। इससे बच्चे का मनोबल टूटता है।

सही व्यवहार बताएँ

असल में अनुशासन सिखाने का अर्थ यह प्रदर्शित करना नहीं है कि आप बच्चे पर हुक्म. चला सकते हैं। अगर माता-पिता, जिस पर बच्चा सबसे ज्यादा विश्वास करता है, वही उसकी हर बार निंदा करें और उसे डाँटें तो वह अपने कार्य व निर्णय में आत्मविश्वास खो देता है।

बच्चे के व्यक्तित्व को तराशने के लिए तथा अनुशासन सिखाने के पीछे लक्ष्य यह होना चाहिए कि उसे व्यवहार करने के मानक बताए जाएँ, ताकि वह अपने व्यवहार को स्वयं जाँचकर यह समझ सके कि क्या स्वीकार्य है और क्या नहीं । अभिभावक को बच्चे को अच्छे और बुरे दोनों के ही बारे में बताना चाहिए। यानी अनुशासित करने का अर्थ केवल उसकी गलतियों को ठीक करना ही नहीं है, वरन् उसे सही मार्गदर्शन देना भी है।

अनुशासन एक नकारात्मक प्रक्रिया नहीं है, एक रचनात्मक आलोचना के साथ यह एक सकारात्मक अनुभव बन सकती है। माता-पिता को इस तरह अपने बच्चों को अनुशासित करना चाहिए, ताकि वे उन्हें अपना दुश्मन मानने के बजाय उसके पीछे छिपे उनके प्यार व चिंता को समझ सकें। उन्हें बच्चों की परवरिश इस तरह करनी चाहिए कि वे अपने किए कार्यों के लिए किसी दूसरे को जिम्मेदार ठहराने के बजाय स्वयं को ही उसके अच्छे या खराब होने का उत्तरदायी मानें।

अनुशासित करने की शैली

अभिभावक अनुशासित करने की विभिन्न शैलियों को अपनाते हैं। कुछ हिटलर की तरह आदेशात्मक रवैया अपनाते हैं। ऐसे अभिभावक बच्चों तक यह संदेश पहुँचाते हैं कि उनकी कही बात पत्थर की लकीर है या किसी कानून से कम नहीं । इस तरह की सोच रखनेवाले माता-पिता बच्चों की न तो कोई बात सुनते हैं और न ही उनके लिए किसी तरह का बीच का रास्ता अपनाने का विकल्प छोड़ते हैं। देखने में यह सोच सही लगे, पर यह बच्चे को आँख मींचकर आदेश मानने को प्रेरित करती है। डर से बच्चे अपने माता-पिता की आज्ञा का पालन करते हैं, बिना यह समझे कि आखिर क्यों वे कुछ काम नहीं कर सकते हैं।

दूसरी ओर ऐसे माता-पिता होते हैं, जो मानते हैं कि बच्चे की संवेदनाओं का मान रखते हुए उनसे व्यवहार करना चाहिए। वे अपने बच्चे को हर निर्णय व गतिविधि में सम्मलित होने के लिए प्रेरित करते हैं। ऐसे माता-पिता आदेश नहीं देते, वरन् उन्हें अपनी बात कहने का, विचार-विमर्श करने का मौका देते हैं। अपनी तरफ से पूरा प्रयास करने के बावजूद ऐसे माता-पिता अच्छे अनुशासक नहीं बन पाते हैं। सच तो यह है कि बच्चों को कदम-कदम पर मार्गदर्शन व सलाह की आवश्यकता होती है, इसलिए उन्हें उनके हाल पर नहीं छोड़ा जा सकता है। ऐसी शैली को माननेवाले माता-पिता बच्चों के लिए किसी तरह के मानक निर्धारित नहीं कर पाते हैं। वे बच्चों से उस समय अपने निर्णयों को परखने के लिए कहते हैं, जब वे इस लायक भी नहीं हुए होते हैं।

आदेश देनेवाले माता-पिता संभवतः रस्सी पर चलने के लिए आवश्यक संतुलन को पाने में कामयाब हो जाते हैं। ऐसे माता-पिता अगर नियम बनाते हैं तो उनके पीछे छिपे कारणों के बारे में भी बच्चों को बताते हैं। उनके बच्चे जानते हैं कि क्यों उन्हें अपने माता-पिता की आज्ञा का पालन करना है। इस तरह बच्चे अपने कार्य व परिणामों के बीच एक संबंध कायम कर पाते हैं और एक ऐसी ठोस नींव विकसित करने में सफल हो जाते हैं, जिसके आधार पर वे जीवन में सही निर्णय ले सकें। इस तरह बच्चों के अंदर यह भावना भी रहती है कि उनके माता-पिता उनकी इच्छाओं का सम्मान करते हैं और किसी भी तरह का नियम लागू करने से पहले वे उसकी अहमियत को अवश्य उसे समझा देंगे।

सकारात्मक अनुशासन

बच्चों पर किसी तरह का दबाव डाले बिना उन्हें अपनी आज्ञा का पालन व व्यवस्थित जीवन जीने के लिए प्रेरित करना ही सही तरह से परवरिश करना होता है। बच्चों को भी बड़ों की तरह आदेश मानना अच्छा नहीं लगता है। परिणामत: वे विद्रोही हो जाते हैं और माता-पिता की किसी भी बात को मानने से इनकार कर देते हैं। इस तरह दोनों तरफ से एक युद्ध-सा छिड़ जाता है, जो असम्मान की भावना को जन्म देता है।

कई बार जब बच्चे माता-पिता को तंग करते हैं तो उनकी जोरदार पिटाई होती है। कभी-कभी ऐसा होने पर तो इसके परिणाम गंभीर नहीं होते, पर अगर हर बात पर उन्हें डाँटा व मारा जाए तो बच्चा ढीठ हो जाता है। वह उग्र हो जाता है और बात-बात पर तोड़-फोड़ पर उतर आता है। सबसे महत्त्वपूर्ण बात, जो अभिभावकों को याद रखनी चाहिए, वह यह है कि जब भी वे बच्चे की निंदा करें तो वह उसके व्यवहार की हो, न कि बच्चे की। तुम बुरे हो, की बजाय तुम्हारा फलाँ व्यवहार गलत था, कहना ज्यादा संगत होगा। उसे यह समझाना होगा कि वह बुरा नहीं है, उसका व्यवहार गलत था।

ग्लानि का एहसास न हो

ऐसे नियम बनाने का कोई फायदा नहीं, जिन्हें अभिभावक लागू न कर सकें। इसका मतलब हुआ कि बच्चे जब भी नियम तोड़ें तो उन्हें सजा दी जाए। लेकिन ऐसा करते हुए बच्चे को ग्लानि का एहसास न कराएँ। सजा देने का लक्ष्य बच्चे को उसकी गलती का एहसास कराना होना चाहिए, शर्मिंदगी का नहीं। इससे बच्चे के अंदर हीनभावना आ सकती है।

बच्चे को अनुशासन सिखाने का अर्थ है—उससे बात करना, उनकी भावनाओं को समझना और जीवन में विजेता बनने के लिए उसकी आवश्यकता को समझाना। आज के समय में, जब हर तरह की दौड़ में आगे निकलने के लिए बच्चे को हर समय तैयार रहना पड़ता है, अनुशासित जीवन जीने एवं समय-प्रबंधन की अनिवार्यता अत्यधिक बढ़ गई है।

अनिवार्यता समय-प्रबंधन की

आज हम जिस दुनिया का हिस्सा हैं, उसमें हमें लगातार प्रतियोगिता, लक्ष्य व समय-सीमा में काम करने के दबाव में जीना पड़ता है। स्कूली बच्चों के जीवन में तो यह असर साफ तौर पर दिखाई दे रहा है। बच्चों को एक साथ बहुत सारी चीजों को सँभालना पड़ता है। होमवर्क, ट्यूशन के साथ खेल व अन्य रचनात्मक गतिविधियाँ, परीक्षाएँ, प्रोजेक्ट वर्क या किसी प्रतियोगिता में हिस्सा लेना आदि आजकल बच्चों की जिंदगी में शुमार हो गया है। शिक्षा-व्यवस्था ऐसी हो गई है कि बच्चे को दिन-रात किताबों के साथ-साथ अन्य चीजों से भी जूझना पड़ता है।

अभिभावक चाहते हैं कि उनका बच्चा हर क्षेत्र में बेहतर प्रदर्शन करे। उनकी बढ़ती अपेक्षाओं व खुद कुछ कर दिखाने की चाहत के चलते यह जरूरी हो गया है कि बच्चा एक समय-सारिणी बनाकर काम करे। अन्यथा वह किसी भी काम को पूरा नहीं कर पाएगा या करेगा भी तो उसमें कमियाँ रह जाएँगी। समय-प्रबंधन को एक आदत की तरह विकसित करना शिक्षकों व अभिभावकों का दायित्व है।

रूपरेखा तैयार करें

छोटा बच्चा जो अभी स्कूल नहीं जाता है, उसे खेल-खेल में आप समय-प्रबंधन का एहसास करा सकते हैं। जैसे उसे जब कोई काम करने को कहें, जैसे खाने से पहले हाथ धोने, अपने खिलौने उठाकर रखने या अपना कमरा साफ करने आदि के लिए तो घड़ी में एक टाइमर लगा दें। इससे उसे पता होगा कि इतने समय में उसे काम पूरा करना है। काम समय पर पूरा होने पर उसकी प्रशंसा करें, उसे गोद में लेकर प्यार करें। इस तरह धीरे-धीरे यह उसकी आदत में शुमार हो जाएगा।

बच्चों को अपना पूरा दिन कैसे बिताना है, इसके लिए आप एक रूपरेखा उनसे ही तैयार करवाएँ। उसमें स्कूल, ट्यूशन, घर आकर पढ़ने व खेलने का समय निर्धारित करें। छुट्टी के दिनों के लिए अलग सारिणी बनाएँ। इस तरह बच्चे को समय के अनुसार अपना दिन व्यतीत करने में मदद मिलेगी। बच्चों को अगले दिन की योजना एक रात पहले ही बनाने के लिए प्रेरित करें। अगले दिन क्या करना है, उसके बारे में लिखें। जैसे 'कल मैं 4 से 6 के बीच इतिहास का पाँचवाँ अध्याय पढ़ूँगा'। लिखने से बेहतर यह लिखना होगा कि 'मैं यह अध्याय कल पढ़ूँगा'। अकसर टाइम-टेबल बनाने के बावजूद बच्चे उसके अनुसार

इसीलिए नहीं चल पाते, क्योंकि लक्ष्य को पूरा करने के बजाय वे समय-सीमा पर ज्यादा ध्यान देते हैं।

डायरी बनाएँ

रोज के कामों की एक डायरी बनाएँ। जो-जो काम होते जाएँ, उन पर निशान लगाते जाएँ। इस तरह काम पूरा होने की खुशी होगी और काम को समय पर पूरा करने की प्रेरणा भी मिलेगी। काम को टालने की आदत खत्म हो जाने से आखिरी मिनट में होनेवाली परेशानी से भी बचा जा सकता है।

बच्चे को इस बात के लिए प्रेरित करें कि वह अपने कार्य को पूरा करने में बिताए समय को जाने। होमवर्क करने में बच्चा दो घंटे लगाता है, पर उसे एहसास ही नहीं होता कि काफी समय तो उसने पेंसिल छीलने, किताबें सँभालने या कॉपी पर कवर चढ़ाने में व्यर्थ कर दिया था। दबाव न बनाते हुए उसे काम जल्दी करने के लिए भी प्रेरित करें।

अगर बच्चा व्यस्त है तो उसके काम को बाँटने व पहले कौन सा काम करना चाहिए, इसमें मदद करें। बच्चों के लिए समय-प्रबंधन का अर्थ मुख्यतया खुद को सँभालना होता है। इससे वे अपने भार को योजना बनाकर हलका कर सकते हैं और इस तरह उनके पास अन्य चीजों के लिए वक्त निकालना आसान हो जाता है।

समय-प्रबंधन एक अपनाई गई क्षमता है। अगर बच्चा अपने प्रतिदिन के कार्य को प्राथमिकता के अनुसार बाँट ले तो कभी उसका काम अधूरा नहीं रहेगा। साथ ही पढ़ने के साथ-साथ उसे खेलने या टी.वी. देखने का समय भी आसानी से मिल जाएगा। ध्यान रहे कि बच्चों को केवल समय-प्रबंधन ही नहीं आना चाहिए, वरन् उन्हें यह भी पता होना चाहिए कि समय का सही ढंग से प्रयोग कैसे किया जाना चाहिए? तभी वे आज की दुनिया के साथ कदम मिलाकर चल पाएँगे।

क्या करें

- माता-पिता को समझना होगा कि अनुशासन केवल सिखाने से नहीं आता है, उसे खुद व्यवहार में उतारना आवश्यक है।
- बच्चे को बार-बार याद दिलाते रहें कि नियम का पालन करना आनंददायक

होता है, कोई बोझ नहीं ।

- कहा जाता है कि रोम एक दिन में नहीं बना था। उसी तरह धीरे-धीरे ही आप धैर्य रखते हुए उसके अंदर अनुशासन व समय-प्रबंधन की आदत विकसित कर सकते हैं। समय की कीमत जानने के बाद वह उसे व्यर्थ में नहीं गँवाएगा।
- अनुशासन उसे सजा के समान न लगे, इसलिए उसे मारें नहीं या ऐसा दंड न दें, जिससे उसकी मन:स्थिति प्रभावित हो। मारना या दूसरों के सामने उसका उपहास उड़ाना उसे विद्रोही बना सकता है।
- बच्चों का एक टाइम-टेबल बनाएँ और हर गतिविधि को करने के लिए एक समय सुनिश्चित करें। इस तरह वह जानेगा कि हर एक गतिविधि को करने के लिए उसके पास एक निश्चित अवधि है।

□

15

निराशा न हो हावी

अगर पहली बार में योजनाओं में आपको सफलता न मिले तो निराश न हों। कोई भी केवल एक कदम चलकर चलना नहीं सीखता है।

—कैथरीन पल्सीफर

तेरह वर्षीया शुभा को पूरी उम्मीद थी कि इस बार कला प्रतियोगिता में उसे ही प्रथम पुरस्कार मिलेगा। बचपन से ही चित्रकला में उसकी दिलचस्पी थी, इसलिए वह हर बार नए-नए प्रयोग करने की कोशिश भी करती थी। लेकिन जब वह प्रतियोगिता में दूसरे स्थान पर आई तो उसे बहुत निराशा हुई। उसने घर आकर सारे पेंट व ब्रश फेंक दिए। उसे यकीन नहीं हो रहा था कि बिट्टू उससे बाजी मार ले जाएगा। इस पर उसकी मम्मी ने समझाया कि यों निराश होने के बजाय वह टीचर से अपनी कमी के बारे में पूछे। जब टीचर ने बताया कि उसके रंग-संयोजन में कमी थी और किस तरह उसे रंगों का चयन करना चाहिए।

हार के सामने झुकें नहीं

उसके बाद तो फिर शुभा ने अपनी कला को इस तरह तराशा कि फिर कोई उसे हरा न सका। विंस्टन चर्चिल का कहना था कि कभी भी हार न मानो। इतिहास गवाह है कि हर विजेता को जीतने से पहले बाधा और निराशाओं का सामना करना पड़ा था। वे जीते, क्योंकि उन्होंने अपनी हार के सामने झुकने से इनकार कर दिया था। प्रसिद्ध कवि जॉन कीट्स का कहना था कि हार से निराश न हों। यह एक

सकारात्मक अनुभव हो सकता है। असफलता एक अर्थ में सफलता की ओर बढ़ने वाला कदम है तथा गलत क्या है, उसके बारे में खोज है और यह हमें सच के बारे में जानने का अवसर देती है।

सीखने को मिलता है

हमारी निराशाएँ या असफलताएँ हमेशा हमें कुछ सिखाती हैं। यह निराशा ही है, जो व्यक्ति को मजबूत बनाती है। हर खराब स्थिति से भी उसकी अच्छी बात हम कैसे लें, यह हमारे ऊपर होता है। असफल होने पर अकसर हम कहते हैं कि आखिर हमारे साथ ही ऐसा क्यों हुआ? पर उसकी जगह सोचें कि आखिर इससे क्या सीखा जा सकता है? हर निराशाजनक स्थिति के पीछे एक संदेश छिपा होता है, केवल उसे समझना होता है।

एक बार एक जहाज डूब गया। उसमें एक ही व्यक्ति बचा, जो किसी तरह एक अनजान द्वीप पर जा पहुँचा। वह भगवान् से प्रार्थना करता कि उसे बचा ले। रोज वह आवाज लगाता, पर कोई उसकी मदद के लिए नहीं आया। धीरे-धीरे उसने शोर मचाना बंद कर दिया और घास-फूस एकत्रित कर अपने रहने के लिए एक झोंपड़ी बनाई। एक दिन वह भोजन की तलाश में निकला और जब वापस आया तो देखा कि उसकी झोंपड़ी जल रही है और धुआँ आकाश तक जा रहा है।

वह बिलकुल निराश हो गया। उसे दुःख हुआ और क्रोध भी आया कि भगवान् ने आखिर उसके साथ ऐसा क्यों किया? अगली सुबह एक जहाज की आवाज से उसकी नींद टूटी। उसकी मदद के लिए वहाँ एक जहाज आ रहा था। उसने पूछा कि उन लोगों को कैसे पता लगा कि वह यहाँ है, तो उन्होंने कहा कि तुमने ही तो धुआँ जलाकर हमें सिग्नल दिया था।

इस कहानी का आशय यही है कि जब हमारे साथ कुछ बुरा होता है तो हम निराश हो जाते हैं; पर हमें हिम्मत नहीं हारनी चाहिए, क्योंकि दुःख और संकट के समय में भी राह मिल जाती है। चाहे कुछ हो जाए, अपने पर निराशा न हावी होने दें, बल्कि उससे निकलकर ही व्यक्ति मजबूत, स्मार्ट व आत्मविश्वास से पूर्ण बन सकता है।

बदलें सोच

सफलता पाने का फॉर्मूला बहुत ही आसान है—अपनी असफलताओं को दुगुना कर दो। तुम असफलता को सफलता का दुश्मन मानते हो, पर उससे तुम बहुत

कुछ सीख सकते हो। जब सामने केवल अँधेरा हो तो उसी में से रोशनी की किरण फूटती है। बच्चों के लिए छोटी-छोटी सफलताएँ भी बहुत मायने रखती हैं और वे असफल होने पर निराश भी बहुत जल्दी हो जाते हैं।

अभिभावक की भूमिका बच्चों की सोच को दिशा देने में बहुत अहमियत रखती है। ऐसे में केवल उनकी सोच में सकारात्मक बदलाव लाकर ही आप उनके जीवन में परिवर्तन ला सकते हैं। केवल सोच ही होती है, जो हार को जीत में बदल देती है। चींटी का उदाहरण इस संदर्भ में सबसे उपयुक्त है। वह दीवार पर चढ़ने के प्रयत्न में बार-बार गिरती है, पर फिर भी हिम्मत नहीं हारती। लगातार प्रयास करते हुए वह दीवार पर चढ़ने में सफल हो जाती है। वह तो इतना नन्हा प्राणी है कि उसे तो पहले ही प्रयास में निराश हो जाना चाहिए, पर ऐसा होता नहीं है। फिर एक बच्चा, जिसमें काम करने की लगन हो, बुद्धि हो, तमाम सुविधाएँ हों, क्योंकर उसे निराशा को अपने पर हावी होने देना चाहिए?

क्या करें

- अपने बच्चे के लिए एक सहयोगी व प्रोत्साहन देनेवाला वातावरण निर्मित करें।
- उसकी हर सफलता पर उसे आश्वस्त करें कि उसमें क्षमता है।
- अगर कभी वह सफल न हो पाए तो उसे कभी बेवकूफ, मूर्ख आदि न कहें। इससे निराशा तो हावी होगी ही, साथ ही उसकी कार्य करने की इच्छा भी समाप्त हो जाएगी।
- हारने पर भी अपने प्यार में कमी न आने दें। उसे अपने से दूर करने की सजा देने की भूल न करें।
- अत्यधिक अपेक्षाएँ न रखें। इससे असफल हो जाने पर 'माता-पिता नाराज होंगे' का भय उसे प्रतियोगिताओं में भाग न लेने को प्रेरित करेगा।

☐

16

व्यक्तित्व-विकास में शिक्षक की भूमिका

> *जब प्यार व योग्यता साथ मिलकर काम करते हैं तो एक सर्वश्रेष्ठ कृति का निर्माण होता है, और यह निर्माता शिक्षक से बेहतर और कौन हो सकता है।*
>
> —रस्किन

यह मूलभूत सच है कि शिक्षक न सिर्फ बच्चे के व्यक्तित्व को तराशता है, वरन् उसे एक ऐसे भविष्य के लिए तैयार भी करता है, जो उसे विजेता बनने का गौरव प्रदान करे। अगर शिक्षक कक्षा में प्रत्येक बच्चे को प्यार करे, उसे सराहे और उसकी योग्यताओं को समझ उन्हें सँवारने में मदद करे तो बच्चे के प्रयासों के साथ खुशी व आत्मविश्वास भी जुड़ जाता है। एक अच्छा शिक्षक वही होता है, जो बच्चे के लिए एक आदर्श बन सके और हमेशा यह याद रखे कि जो वह कहता है, उससे कहीं ज्यादा असर बच्चों पर उसके द्वारा किए कार्यों का पड़ता है।

धैर्य है कड़ी

बच्चों के लिए शिक्षक व छात्र का संबंध बहुत अहम होता है। एक बच्चा लगभग प्रतिदिन पाँच से सात घंटे और दस महीने अपने शिक्षक के साथ व्यतीत करता है। यही कारण है कि अगर शिक्षक बच्चों में दिलचस्पी लेता है और उनका सही ढंग से मार्गदर्शन करता है तो उसका सकारात्मक प्रभाव उम्र भर बच्चे के साथ रहता है।

हर बच्चे की सीखने की क्षमता में अंतर होता है। कुछ बच्चों को एक बार पढ़कर ही समझ आ जाता है तो कुछ बच्चों को बार-बार समझाना पड़ता है। कुछ

बच्चे पढ़ाई को कभी गंभीरता से नहीं लेते और केवल मौज-मस्ती के लिए स्कूल आते हैं। उन बच्चों की अवहेलना कर या यह मानकर कि इनके साथ सिर खपाना बेकार है, शिक्षक को अपनी कोशिशें नहीं छोड़नी चाहिए। वह चाहे तो उन्हें अपने विश्वास में लेकर धैर्य का रास्ता अपनाते हुए सही राह पर ला सकता है। ऐसे बच्चे मार या सजा से ठीक नहीं होते हैं। लगातार उन पर नजर रखते हुए उनकी मुश्किल व व्यवहार में सुधार लाया जा सकता है। इसके लिए कक्षा का वातावरण भी सुरक्षित व प्यार भरा होना चाहिए।

चरित्र गढ़ता है शिक्षक

हालाँकि आज की शिक्षा-व्यवस्था ऐसी हो गई है कि शिक्षक केवल महीने का वेतन लेने से मतलब रखते हैं। बच्चे की समस्या क्या है, इससे उनका कोई लेना-देना नहीं रह गया है। पहले के जमाने में गुरु-शिष्य परंपरा पर गर्व किया जाता था। शिष्य के लिए उसका गुरु ही सबकुछ होता था और गुरु के लिए शिष्य ही सबसे प्रिय होता था। अगर हम विश्व के महान् लोगों के जीवन पर नजर डालें तो पाएँगे कि उनके जीवन की दिशा को बदलने में उनके शिक्षकों की भूमिका बहुत अहम रही है।

हमारे देश के प्रधानमंत्री लाल बहादुर शास्त्री के चरित्र को उनके गणित के शिक्षक पं. निशकामेश्वर मिश्र ने जितना प्रभावित किया, उतना और किसी ने नहीं किया। वे घंटों गंगा के किनारे बैठकर अपने छात्रों को प्राचीन भारत की गौरव-गाथाएँ सुनाया करते थे। लाल बहादुर के लिए तो वे पिता, पथ-प्रदर्शक एवं दार्शनिक सबकुछ थे। उन्होंने लाल बहादुर के मन में भविष्य की महानता के बीज बोए। उन्होंने शास्त्रीजी के अंदर ऐसे दुर्लभ गुण देखे, जो उनकी उम्र के बच्चों में बहुत कम ही देखने को मिलते थे।

मार्गदर्शक होता है

जब शिक्षक अपने छात्र के साथ एक संवाद कायम करता है तो उनके बीच एक सूत्र जुड़ता है। बच्चे कच्ची मिट्टी की तरह होते हैं और उन्हें जिस तरह अभिभावक व शिक्षक गढ़ते हैं, वे वैसा ही आकार ले लेते हैं। आजकल चूँकि माता-पिता दोनों ही कामकाजी हो गए हैं, ऐसे में शिक्षकों के लिए चुनौतियाँ और बढ़ गई हैं। बच्चे शिक्षकों पर अधिक निर्भर हो गए हैं। उन्हें कदम-कदम पर उनकी सलाह और मार्गदर्शन की आवश्यकता पड़ती है।

प्ले स्कूल में प्रवेश करने से लेकर हाई स्कूल में पहुँचने तक बच्चे की सोच

व विचार अपने शिक्षकों से प्रभावित होते हैं। फिर जब वह अपने कैरियर को लेकर सतर्क होता है, तब भी शिक्षक का मार्गदर्शन उसके लिए सर्वोपरि होता है। बच्चे के आचार-व्यवहार व व्यक्तित्व को बनाने या बिगाड़ने में जितना हाथ माता-पिता का होता है उतना ही शिक्षक का भी होता है। अगर दोनों के बीच का संबंध मधुर होता है तो बच्चे का कक्षा और पढ़ाई दोनों में ही मन लगता है। बच्चे की कामयाबी में शिक्षक का बहुत बड़ा हाथ होता है। अगर सच्चा गुरु मिल जाए तो वाल्मीकि की तरह डाकू से संत बनते देर नहीं लगती है।

मित्रवत् व्यवहार करें

शिक्षक अगर अपने छात्रों के साथ मित्रवत् व्यवहार करते हैं तो उन्हें लोकप्रिय बनते देर नहीं लगती है। कितनी बार बच्चों के मुँह से जब हम अपने अध्यापकों की बात करते सुनते हैं तो बच्चे किसी को 'बोरिंग' तो किसी को 'खड़ूस' तो किसी को 'स्मार्ट' या फिर 'मुसीबत' कहकर पुकारते हैं। किसी को वे अलग-अलग संबोधनों से संबोधित करते हैं तो किसी का इतना सम्मान करते हैं कि उनकी हर बात मानने के लिए तत्पर रहते हैं।

कारण स्पष्ट है कि जो अध्यापक अपने छात्रों के साथ स्नेहपूर्ण व मित्रवत् व्यवहार करता है, उसकी कक्षा में बच्चे मन लगाकर पढ़ते हैं और उस विषय में उनकी रुचि भी बढ़ जाती है। मित्रवत् व्यवहार करनेवाले अध्यापकों को हर बच्चे का नाम याद रहता है। वे उनके साथ बीच-बीच में मजाक भी करते हैं, जिससे एकरसता व बोझिलता में कमी आती है। बच्चों की परिवार संबंधी समस्याओं को समझकर उसके साथ व्यवहार करना शिक्षक का एक अनिवार्य गुण होना चाहिए।

सहयोग और संयम

एक शिक्षक एक कलाकार की तरह होता है। वह एक शिल्पकार की तरह होता है और उससे बेहतर लकड़ी को और कौन गढ़ सकता है। वह जानता है कि लकड़ी के हर टुकड़े की विशेषता अलग होती है और उसी के अनुसार वह उसका उपयोग करता है। उसी तरह एक अच्छा शिक्षक वही होता है, जो जानता है कि हर बच्चा अपने आप में खास होता है, उसकी क्षमता अलग होती है और उसी के अनुसार उसे सिखाने का खाका तैयार करता है।

मनोवैज्ञानिक मानते हैं कि जिस शिक्षक का व्यवहार हिटलर की तरह होता है, वे असुरक्षित होते हैं। बात-बात पर बच्चे का अपमान करने के पीछे उनकी खुद को

बेहतर साबित करने की मनोवृत्ति होती है। जो अध्यापक खुलकर और हँसते हुए बच्चों से बात करते हैं, वे न सिर्फ बच्चों को अनुशासन में रहने के लिए प्रेरित कर पाते हैं, वरन् उनके सहयोग से बच्चा उत्तरोत्तर प्रगति भी करता जाता है। सही मूल्यों का ज्ञान व सफलता पाने के गुर बच्चा शिक्षक से ही सीखता है। शिक्षक ऐसा होना चाहिए, जिसकी बात करते समय बच्चे के चेहरे पर प्रसन्नता आ जाए। कोई बच्चा अगर दब्बू है या विद्रोही है, तो इसकी वजह कहीं-न-कहीं परिवारवालों का पर्याप्त सहयोग व स्नेह न मिलने के अलावा शिक्षक का उसके प्रति व्यवहार भी होता है।

बच्चे की सारी अंत:क्रियाएँ स्कूल में ही विकसित होती हैं और ऐसा केवल शिक्षकों के सहयोग व संयम से ही हो पाता है। चूँकि बच्चा शिक्षक को अपना आदर्श मानता है, इसलिए वह बच्चे की मानसिकता व बौद्धिकता को सही दिशा दे, उसे जीवन में तरक्की करने के रास्ते दिखा सकता है। असफल होने पर भी उसके मनोबल को बढ़ाकर उसके अंदर उत्साह का संचार कर सकता है। बच्चे के अंदर व्याप्त मनोग्रंथियों का विकास स्कूल के सहज व संयमित वातावरण में ही होता है।

क्या करें

- एक शिक्षक को अपने छात्र को विजेता के कगार पर ला खड़ा करने के लिए समय व स्थितियों के अनुसार अनेक भूमिकाएँ निभानी चाहिए।
- बच्चों को कक्षा के पाठ के अलावा व्यावहारिक ज्ञान देने के लिए उनकी भावनाओं को समझें और उनकी समस्याओं को सुनकर समाधान सुझाना चाहिए।
- अगर व्यवहार को कठोर रखना पड़े तो रखें, पर लचीलापन भी बनाए रखें।
- शिक्षक का लक्ष्य केवल स्कूली किताबों को रटाना ही नहीं होना चाहिए, वरन् देश-दुनिया की बातें तथा नैतिक मूल्यों व संस्कृति की जानकारी भी देनी चाहिए।
- विजेता बनने के लिए बच्चे के अंदर गुणों का समावेश जितने बेहतर ढंग से शिक्षक कर सकता है उतना और कोई नहीं कर सकता है, क्योंकि छात्र उसकी बात को ज्यादा मन लगाकर सुनते हैं।
- छात्र का विश्वास अर्जित करें, तभी वह उनका सम्मान करेगा।
- पी.टी.एम. में बच्चों के बारे में सही ढंग से अभिभावकों को जानकारी दें।

□

17

संपूर्ण व्यक्तित्व का विकास कैसे हो ?

> *क्या तुम जानते हो कि तुम क्या हो ? तुम अद्भुत हो, तुम सबसे अनोखे हो। इतने बीते वर्षों में तुम्हारे जैसा कोई दूसरा बच्चा नहीं हुआ।*
>
> **—पाब्लो कासल्स**

हर बच्चा अपने आप में विशिष्ट होता है और दुनिया के साथ व्यवहार करने का उसका तरीका भी अलग होता है। हर बच्चे में अलग तरह की प्रतिभा होती है और अगर वयस्क उसकी प्रतिभा को दबा देते हैं तो बच्चे को अपनी योग्यता पर संदेह होने लगता है और फिर जीवनपर्यंत राह में आनेवाली बाधाओं का सामना करना उसके लिए मुश्किल हो जाता है। अभिभावकों व शिक्षकों को यह समझना आवश्यक है कि हर बच्चे में सीखने की क्षमता भिन्न होती है, इसलिए उसी के अनुसार उन्हें उसका सर्वांगीण विकास करने के लिए बढ़ावा देना चाहिए।

खास तरह की विशेषताएँ

व्यक्तित्व या पर्सनैलिटी का अर्थ होता है कि किसी के अंदर खास तरह की विशेषताएँ होना, जिसके द्वारा व्यक्ति अपनी एक अलग पहचान कायम करता है। बच्चे का व्यक्तित्व एक स्वाभाविक प्रक्रिया के तहत विकसित होता है, जिसे निश्चित तौर पर अभिभावक व शिक्षकों के मार्गदर्शन से और सुधारा व सँवारा जा सकता है। वास्तव में बच्चे के व्यक्तित्व का विकास करने का अर्थ है—बच्चे के जीवन से जुड़े हर पहलू का विकास करना।

बच्चे के व्यक्तित्व का विकास कैसे और कितना होता है, यह काफी हद तक इस बात पर निर्भर करता है कि उसे किस तरह सामाजिक आचरण करने दिया जाता है; भावनात्मक ढंग से लोगों से कितना संपर्क बढ़ाने दिया जाता है; अभिभावक का उसके साथ व्यवहार, उनसे मिलनेवाले प्यार, घर के वातावरण, उसकी परवरिश, स्कूल का माहौल तथा उसके शारीरिक व मानसिक विकास के लिए मिलनेवाली सुविधाएँ। इसी के आधार पर बच्चे का व्यवहार बनता है; उसकी बौद्धिक क्षमताएँ, सोच, भावनाएँ, महत्त्वाकांक्षाएँ, प्रतिबद्धता व मूल्य स्थापित होते हैं।

बच्चे के व्यक्तित्व का विकास करने में सबसे बड़ी भागीदारी उसके अभिभावकों की होती है, खासकर माँ की। माँ ही उसकी प्रेरक, मार्गदर्शक और उसे एक खुशदिल व अच्छा इनसान बनानेवाली प्रेरणा-स्रोत होती है। लेकिन उसका शारीरिक, मानसिक, बौद्धिक व सर्वांगीण विकास पिता के सहयोग से ही होता है। उन दोनों की प्यार की छाँह तथा शिक्षक के समर्थन व सहयोग से ही एक बच्चा राह में आनेवाले अवरोधों को पार करता हुआ अपना लक्ष्य प्राप्त कर एक अच्छा नागरिक व सुसंस्कृत विचारोंवाला व्यक्ति बन सकता है।

व्यक्तित्व विकास के आधार

बच्चे के व्यक्तित्व को परिभाषित करने का सामान्य आधार है कि उसका शारीरिक गठन कैसा है। यानी वजन, लंबाई, मोटा, पतला होना या स्वस्थ होना; उसके पहनने का ढंग, चलने का ढंग आदि। शारीरिक रूप से उसे सक्रिय व स्वस्थ बनाने के लिए उसे खेलकूद में भाग लेने के लिए प्रोत्साहित करें।

खेलना जरूरी : बच्चे के व्यक्तित्व-विकास में यह एक बहुत ही आवश्यक पहलू है। खेल एक ऐसा माध्यम है, जिसके द्वारा बच्चे को पूरी तरह से अपने को अभिव्यक्त करने, आजादी पाने व आनंद उठाने का अवसर मिलता है। खेलना एक सृजनात्मक गतिविधि भी है और खेलने से शरीर में चुस्ती-फुरती भी आती है। खेलों द्वारा भी बच्चे के अंदर सहयोग करने, दूसरों के साथ मिल-जुलकर रहने तथा नेतृत्व करने के गुण विकसित होते हैं। एक बच्चा, जो खेल व अन्य प्रतियोगिताओं में हिस्सा लेता है, उसे एक्सपोजर का मौका मिलता है। इस तरह नई-नई बातें सीखने और नए-नए स्थानों पर जाने का उसे अवसर मिलता है।

सामाजिकता : व्यक्तित्व-विकास के सबसे अहम पक्ष, यानी बौद्धिक गुणों

की अगर हम बात करें तो इसमें समाज में व्यवहार करना तथा मूल्यों का आदर करना बहुत मायने रखता है। बच्चे का स्मार्ट बनना या सफलता के उच्च शिखर पर पहुँचने में यह गुण बहुत काम आता है। अभिभावकों को चाहिए कि वे देखें कि बच्चा घर के सदस्यों, मित्रों, पड़ोसियों, कक्षा के अपने साथियों या अपरिचितों से किस तरह बात करता है। उसे उन्हें सबसे शिष्टता से बात करने और जल्दी से बिना शरमाए घुल-मिल जाने के लिए प्रोत्साहित करना चाहिए।

जो बच्चे लोगों के सामने आने से कतराते हैं, वे दब्बू या एकांतप्रिय बन जाते हैं। किसी से बात करते हुए उनकी आवाज लड़खड़ाती है, जिससे वे योग्यता होने पर भी अपनी भावनाएँ अभिव्यक्त करने में असमर्थतता महसूस करते हैं। ऐसे बच्चों पर लोगों का ध्यान कम जाने के कारण उनमें हीनभावना आ जाती है और अपनी बात कहते हुए उन्हें यही डर सताता रहता है कि कहीं कोई उनका मजाक न उड़ाए। बच्चे का संपूर्ण विकास हो, इसके लिए उसे सबसे मिलने-जुलने के लिए प्रेरित करें। विजेता वही बनता है, जिसमें अपनी बात से लोगों को बाँध लेने या कायल बनाने का गुण होता है। व्यवहार-कुशलता एक ऐसा पहलू है, जो बच्चे को लोकप्रिय व स्मार्ट बनाता है।

अच्छे श्रोता बनें : जैकलीन कैनेडी को दुनिया की सबसे आकर्षक महिला माना जाता था, क्योंकि उसने एक बेहतरीन श्रोता होने की क्षमता को विकसित किया था। वह सीधे बोलनेवाले की आँखों में देखती थी और उसके एक-एक शब्द को ध्यान से सुनती थी। किसी की बात को सुनकर उसे यह एहसास दिलाना कि वह आपके लिए सबसे महत्त्वपूर्ण व्यक्ति है, बहुत ही मुश्किल काम होता है। लेकिन इस तरह एक अच्छे श्रोता बन बच्चे के व्यक्तित्व में आश्चर्यजनक निखार तो आता ही है, साथ ही लोगों को उसे अपनी ओर आकर्षित करते देर भी नहीं लगती।

सकारात्मक सोच रखें : कोई भी ऐसे व्यक्ति का साथ पसंद नहीं करता, जो हमेशा शिकायतें करे, हमेशा मुरझाया हुआ चेहरा लिये घूमता रहे। बचपन से ही बच्चे को मुश्किलों में भी हँसते रहना सिखाएँ। निराश होने के बजाय समाधान ढूँढ़ने के लिए प्रेरित करें और उनके सामने उदाहरण भी बनें। जो बच्चे सदा खुश रहते हैं, वे अपने भीतर से खुद ही एक ऊर्जा को प्रवाहित होते महसूस करते हैं। हमेशा जीवन के उस पक्ष की ओर नजर रखें, जो आपको हँसने की प्रेरणा दे, फिर आपको मनचाहा लक्ष्य पाते देर नहीं लगेगी।

दूसरों के प्रति सहयोगात्मक रवैया रखें : व्यक्तित्व विकास में यह एक अनिवार्य कड़ी है। किसी को अगर सहयोग या मदद की आवश्यकता हो तो कतराना नहीं चाहिए, वरन् मदद करने के लिए तत्पर रहना चाहिए। अगर अभिभावक ऐसा करते हैं तो बच्चे के अंदर भी यह गुण आ जाएगा। इससे उसे खुशी मिलेगी, जो उसके पूरे व्यक्तित्व में एक आभा भर देगी और कमियाँ जो होंगी तो वे भी स्वत: ही छिप जाएँगी। दूसरे के प्रति सहयोगात्मक भावना हमारे अंदर एक पूर्णता का एहसास भरती है।

सम्मान करना सिखाएँ : बच्चों के लिए अपने कहे शब्दों व काम के प्रति ईमानदार रहना बहुत जरूरी है। इस तरह उसे दूसरों से प्रशंसा व सम्मान मिलेगा। किसी का मजाक उड़ाने के बजाय उसकी समस्या को समझें और समय पर उसे सहारा दें। सेवा व लोगों की मदद करने के भाव निर्मित करें। किसी बुजुर्ग को सड़क पार कराकर बच्चे को बहुत खुशी होगी।

नम्र रहें : विनम्रता के साथ रहने में कोई खर्च नहीं आता, पर इससे मिलता बहुत कुछ है। व्यक्तित्व का विकास हो, लोग बच्चे से बात करके उससे प्रभावित हों, यह तभी संभव है जब सबसे नम्रता से व्यवहार व कोमलता से बात की जाए। ऐसे लोगों का व्यक्तित्व किसी जादुई प्रभाव से कम नहीं होता है और वे जीवन भर के लिए दूसरों पर अपना प्रभाव छोड़ देते हैं। अकसर बेकार की बहस व तकरार से हम अपने बने-बनाए कामों को बिगाड़ लेते हैं। आपके बोलने के ढंग से लगातार आप पर तीरों की वर्षा हो सकती है, जिसका दर्द हमेशा सहते रहना पड़ता है।

आत्म-प्रशंसा या घमंड न करें : ऐसा व्यक्ति, जो आत्म-केंद्रित होता है और केवल अपनी ही प्रशंसा करता है, हमेशा अपने आपको अकेला ही महसूस करता है। जैसे पेड़ की एक टहनी सूख जाती है, उसी तरह समाज से कटकर व्यक्ति निरर्थक बन जाता है। उसके मानवीय गुणों के खत्म होने के साथ ही अन्य लोगों से उसका संपर्क भी टूट जाता है। ब्रिटेन के प्रसिद्ध कवि रुडयार्ड किपलिंग के शब्दों में, 'भेड़िए की ताकत समूह में ही निहित होती है।' यानी व्यक्तित्व का विकास केवल अपने बारे में सोचते रहने से नहीं हो सकता है। जब हम लोगों के साथ घुलते-मिलते हैं तो बहुत सारी चीजें सीखते हैं, जिससे एक्सपोजर बढ़ता है। जैसे एक नुकीला पत्थर तभी सही आकार ले पाता है, जब पानी के प्रवाह में दूसरे पत्थरों से टकराता है। उसी तरह हम अपनी छिपी विशेषताओं को तभी विकसित कर पाते हैं, जब हम

दूसरे लोगों के संपर्क में आते हैं।

समय की कद्र करें : हमारे जीवन का हर पल कीमती है और जो व्यक्ति आज का काम कल पर टालता जाता है, वह कभी भी सफलता नहीं हासिल कर पाता। उसके व्यक्तित्व में एक अधूरापन रहता है और कोई भी उसे विजेता के रूप में स्वीकार नहीं पाता है। अपने व्यक्तित्व में सुधार लाने के लिए समय का सही सदुपयोग व अवसरों का लाभ उठाना आना चाहिए। अगर आगे बढ़ने का मौका मिलता है तो उसे हाथ से जाने न दें। समय-प्रबंधन सीखकर आप अपने व्यक्तित्व में चार चाँद लगा सकते हैं।

अपने को सराहें : यह न भूलें कि तमाम कमियों के बावजूद आप में भी कई विशेषताएँ हैं, जिनके लिए आप खुद की पीठ थपथपा सकते हैं। इस तरह एक आत्मविश्वास पैदा होता है, जो सारे नकारात्मक विचारों को उखाड़ फेंकता है। और इस तरह दूसरे लोगों की अच्छाइयों व गुणों को भी हम नकारने के बजाय खुलकर स्वीकार पाते हैं और उन्हें अपनाने का स्वयं को मौका भी दे पाते हैं।

एक्सप्लोर करें : जितना संभव हो, विभिन्न तरीकों, जैसे—पढ़ने, लिखने, घूमने या लोगों से मिलकर एक्सप्लोर करें। इस तरह जीवन जीने के प्रति एक सही सोच विकसित होती है। कुएँ का मेढक बनने के बजाय जहाँ से भी जानकारी मिले, हासिल करें। इससे पढ़ाई में तो सहायता मिलेगी ही, व्यावहारिक ज्ञान भी बढ़ेगा। सामान्य ज्ञान बढ़ाने के लिए देश-विदेश, इतिहास व वर्तमान में घट रही सामाजिक, राजनीतिक व अन्य घटनाओं की जानकारी रखना आवश्यक है। ज्ञान बढ़ने से संपूर्ण व्यक्तित्व निखर उठता है और अपने में आवश्यकतानुसार बदलाव करना भी आसान हो जाता है।

क्रेंद्रित होना सीखें : जीवन में सफलता पाने के लिए एकाग्रता बहुत आवश्यक है। जो काम कर रहे हों, उस पर ही पूरा ध्यान केंद्रित होना चाहिए, तभी वह काम कुशलता से पूरा होगा। जिन बच्चों का ध्यान पढ़ते समय इधर-उधर की बातों में लगा रहता है या दूसरा क्या कह रहा है या क्या कर रहा है, इस पर ज्यादा ध्यान रहता है, उन्हें सदा ही यह शिकायत रहती है कि उन्हें कुछ याद नहीं होता।

स्वेट मार्डेन ने लिखा है कि एकाग्रता के बिना कोई व्यक्ति आविष्कार नहीं कर सकता, शोध नहीं कर सकता और मन की एकाग्रता के समान अन्य कोई दोस्त विश्व में नहीं है। जिसके पास एकाग्रता हो, उसका कोई नुकसान नहीं कर सकता है। एक बार एक लुहार बाण बनाने में इतना तल्लीन था कि उसके घर के बाहर से

बारात निकल गई और उसे पता तक नहीं चला। जब उसके पास कुछ देर बाद ऋषि दत्तात्रेय आए और बारात के संबंध में पूछा तो उसने कहा कि जब मैं काम कर रहा होता हूँ तो मुझे किसी चीज की सुध नहीं रहती, इसलिए मुझे बारात का शोर भी सुनाई नहीं दिया। दत्तात्रेय उसके आगे नतमस्तक हो गए और अपनी साधना में उसकी जैसी तल्लीनता लाने के लिए तप करने लगे।

अपने मन को भटकने से बचाने के लिए जरूरी है कि जो भी काम करें, उसे बोझ समझकर नहीं, वरन् उत्साह से करें। एकाग्रता तभी आती है, जब मन में कुछ करने की इच्छा व जीवन का लक्ष्य होता है।

सामाजिक कार्य करें : व्यक्तित्व के संपूर्ण विकास के लिए व्यवहार-कुशलता के साथ-साथ सामाजिक कार्यों में भाग लेना भी जरूरी है। इससे दायरा तो बढ़ता ही है, साथ ही अनुभव भी बढ़ता है। नई-नई चीजों को सीखने का अवसर मिलता है और किसी की सेवा, मदद या अन्य किसी तरह से समाज को योगदान देने से मन को खुशी भी मिलती है।

बाहरी गतिविधियों में हिस्सा लें (आउटडोर एक्टिविटी) : व्यक्तित्व के विकास के लिए जितना पढ़ना या शैक्षिक उपलब्धियाँ अर्जित करना आवश्यक है उतना ही जरूरी है खेलकूद। बच्चों को विभिन्न खेलों में हिस्सा लेने के लिए प्रोत्साहित करें। इससे बच्चों का शारीरिक विकास तो अच्छी तरह से होता ही है, उनके अंदर साथ खेलने व टीमवर्क की भावना भी पैदा होती है। खेलने से स्वास्थ्य तो ठीक रहता ही है, बच्चों में अनुशासन की भावना भी विकसित होती है। उन्हें दूसरे बच्चों के साथ समन्वय बिठाना आता है और हारने का डर मन से जाता रहता है। टी.वी. और कंप्यूटर के कारण आजकल बच्चे घर से बाहर खेलने के लिए कम ही जाते हैं। बेहतर होगा कि अभिभावक व शिक्षक दोनों ही उन्हें इसके लिए प्रोत्साहित करें।

घर में खेले जानेवाली गतिविधियाँ (इंडोर एक्टिविटी) : जितना बाहर खेलना बच्चों के मानसिक व शारीरिक विकास के लिए अनिवार्य है, उतना ही घर में खेले जानेवाले गेम्स खेलना भी आवश्यक हैं, जैसे—साँप-सीढ़ी, लूडो, कैरम, मोनोपली, स्क्रैबल, सुडोकू, शतरंज, बिजनेस, मैकेनिक्स, मास्टर माइंड, चैकर्स, जीरो काटा आदि। इससे उनका बौद्धिक विकास होता है।

छुट्टियों में व्यस्त रखें : बच्चों को छुट्टियों में व्यस्त रखना उनके शरीर व मन को नियंत्रित व संतुलित रखने के लिए आवश्यक है। अकसर बच्चों को यह

शिकायत रहती है कि वे बोर हो रहे हैं। किताबें मन लगाने का बेहतरीन साधन होती हैं। कुछ किताबें, जो बच्चों की आयु व स्तर के अनुकूल हों, उन्हें एकत्र करें। इसके अतिरिक्त कुछ पत्रिकाएँ भी आप खरीदें। चाहें तो छुट्टियों में कुछ पत्रिकाएँ सबस्क्राइब भी की जा सकती हैं। यह पता लगाएँ कि आपके इलाके में कोई लाइब्रेरी है कि नहीं। अगर हो तो बच्चों को उसका सदस्य बनवा दें। अन्यथा स्वयं प्रयत्न कर एक बाल क्लब का गठन भी किया जा सकता है, जिसमें कॉलोनी के सारे बच्चे एकत्र हों और अपने-अपने घर से पुस्तकें लाकर एक पुस्तकालय बना लें। आप उन्हें विभिन्न पत्रिकाओं व अखबारों में लिखने को प्रेरित करें, उन्हें घर के कामों में शामिल करें। उन्हें कहें कि वे अपने कमरे को अपने तरीके से सजाएँ। उन्हें जिन चीजों का शौक हो, उनसे संबंधित कोर्स अवश्य कराएँ।

टी.वी. व इंटरनेट को दोस्त बनाएँ : टी.वी. के आगे सारा दिन बैठकर फिल्म या कार्टून देखने के बजाय अगर उसमें दिखाए जा रहे ज्ञानवर्द्धक कार्यक्रमों को देखा जाए तो उससे बेहतर मित्र व मार्गदर्शक और कोई नहीं हो सकता। समाचार सुनकर आप समसामयिक घटनाओं की जानकारी रख सकते हैं। विदेश में क्या हो रहा है, यह जान सकते हैं। इतिहास के बारे में जानना हो तो उससे संबंधित भी अनेक कार्यक्रम आते हैं। डिस्कवरी, नेशनल ज्योग्राफी, एनीमल प्लेनेट आदि ऐसे चैनल हैं, जो छात्रों के ज्ञान में वृद्धि करते हैं। टी.वी. सामान्य ज्ञान बढ़ाने का एक बढ़िया माध्यम है, केवल आपको उसकी उपयोगिता समझनी होगी।

इंटरनेट का बच्चे दुरुपयोग करते हैं, अरकुट पर चैटिंग करने में समय बरबाद करते हैं; लेकिन अगर वे चाहें तो इंटरनेट द्वारा दुनिया भर के विषयों पर जानकारी हासिल कर सकते हैं। चित्रों द्वारा अनेक चीजों को समझ सकते हैं।

अपने पर भरोसा रखें : जिस व्यक्ति के अंदर आत्मविश्वास है तथा जिसे अपने काम पर भरोसा होता है, वह हमेशा जीतता है। हर कोई ऐसे ही इनसान को पसंद करता है जिसे अपने ऊपर भरोसा होता है, न कि हमेशा उलझन में या सशंकित रहने वाले व्यक्ति को। एक जमाना था जब सफलता पाने के लिए रंगत, स्तर व सुंदरता बहुत मायने रखती थी; पर अब जमाना बदल गया है। और आज जरूरी है आत्मविश्वास से भरपूर होना, अपनी बात कहना व कनविंस करना आना। चाहे सुंदर न हों, पर खुद को सलीके से व प्रभावी ढंग से प्रस्तुत करना आना चाहिए। एक बात तो सही है कि जो लोग अपना खयाल नहीं रख सकते हैं, वे दूसरों का ध्यान कैसे रख पाएँगे ? अपने बारे में अच्छा सोचें। अपने विचार, भावना

और इच्छाओं को लेकर ऊँचे सपने लें। मन में किसी भी तरह की हीनभावना न लाएँ। जीवन में अनेक तरह की कठिनाइयाँ आ सकती हैं, इसलिए अगर खुद पर और अपनी योग्यताओं पर भरोसा हो तो मुश्किलें आसान हो जाती हैं।

व्यक्तित्व में सुधार लाने के लिए बनाएँ एक्शन प्लान

एक्शन प्लान बनाकर आप यह जाँच सकते हैं कि व्यक्तित्व में कितना सुधार हुआ है :

हेल्थ के लिए

- अगर आपका हेल्थ का कोई रुटीन नहीं है तो एक्सरसाइज का रुटीन बनाएँ।
- अपने खाने पर ध्यान दें। वसायुक्त भोजन न लें तथा सब्जियों व फलों का अधिक-से-अधिक सेवन करें।

बौद्धिक विकास के लिए

- हर हफ्ते नई किताब पढ़ें।
- आर्ट गैलरी, थिएटर या किसी कंसर्ट में जाएँ।
- दार्शनिकों के विचार पढ़ें।

भावनात्मक विकास के लिए

- मेडीटेड करें, रिलेक्सेशन व ब्रीदिंग तकनीक अपनाएँ।
- अपने लिए समय निकालें, संतुष्ट रहें।
- परिवार व मित्रों के साथ समय बिताएँ।
- सकारात्मक विचार रखें।
- अपने प्रति ईमानदार रहें।

क्या करें

- छोटी सी गलती पर बच्चे को हर समय डाँटें-फटकारें नहीं।
- बच्चे को अपशब्द न कहें। उसे गलत ढंग से संबोधित न करें।
- तुलना न करें। न ही एक भाई या बहन से दूसरे की तुलना कर एक की कमियों व दूसरे के गुणों का बखान करें।
- बच्चे को सजा देने के नाम पर बहुत देर तक उसे अपने से दूर न रखें।
- बच्चे के सामने माता-पिता लड़ाई न करें, न ही घर के वातावरण में तनाव आने दें।

- बच्चे के असफल होने पर भी कभी उसे हतोत्साहित न करें।
- हमेशा अपने बच्चे की प्रशंसा न करते रहें।
- कठोर अनुशासन उसके व्यक्तित्व-विकास में बाधक होता है। लचीला व्यवहार रखें।
- उसे लगातार सजा न देते रहें। बच्चे को सुधरने का मौका दें तथा उसमें उसकी सहायता करें।
- बच्चे को लेकर अभिभावक अत्यधिक महत्त्वाकांक्षी न हों। उसके लिए स्वयं लक्ष्य निर्धारित करने के बजाय बच्चे को अपनी इच्छानुसार कार्य करने को प्रेरित करें।
- उसकी क्षमताओं को निखारकर उसकी उपलब्धियों को सराहें।

□

18

कैसे बिगड़ें नहीं बच्चे ?

बच्चे अवहेलना या सख्ती की वजह से बिगड़ते हैं। प्यार और नम्र व्यवहार उन्हें कभी नहीं बिगाड़ता है।

—स्लोन विल्सन

"मैं एक कामकाजी महिला हूँ और मेरी सात वर्षीया बेटी मेरी कोई बात नहीं सुनती है। हर बात का पलटकर जवाब देती है, बात-बात पर रोने लगती है, चीजें फेंकती है। एक ही बच्चा होने के कारण हम उसे बहुत प्यार करते हैं। खासकर उसके पापा उसकी हर जिद पूरी करते हैं। रोज सुबह स्कूल जाने में उसे देरी होती है, क्योंकि वह इसी बहस में उलझी रहती है कि आज उसे क्या पहनना है। मैं उसे अनुशासित करने की कोशिश करती हूँ, पर वह काबू में ही नहीं आती है। सब कहते हैं कि हमारे लाड़-प्यार ने उसे बिगाड़ दिया है।" ऐसे कई अभिभावक हैं, जिन्हें इस तरह की शिकायत है। उन्हें लगता है कि अपने ही बच्चे को सँभालना उनके लिए कठिन होता जा रहा है।

कद्र व सम्मान नहीं कर पाते

ऐसा बच्चा, जिसे दूसरे की भावनाओं की कोई कद्र नहीं होती, जो 'न' नहीं सुन सकता, अपनी गलती दूसरों पर थोपता है और किसी भी तरह की परेशानी या कमी का सामना नहीं कर पाता, वह बिगड़े बच्चे की परिभाषा में आता है। बिगड़ा हुआ बच्चा वह होता है, जो हमेशा आकर्षण का केंद्र बने रहना चाहता है और अपनी बात मनवाकर ही रहता है। वह जानता है कि कैसे अपनी बात मनवानी है। बच्चे के आँसू देख किस माता-पिता का दिल पिघल नहीं जाएगा?

बच्चा जब समझ लेगा कि उसके रोने का माता-पिता पर असर होता है तो वह उसे ही हथियार बना लेता है। वास्तव में बिगड़े बच्चे जरूरत व माँग के बीच अंतर करना नहीं जानते हैं।

बिगड़े हुए बच्चे शेयर करना नहीं सीखते हैं, अपनी बारी आने का इंतजार नहीं कर पाते हैं। उनके पास जो है, उसे सराह नहीं पाते हैं और हमेशा दुःखी रहते हैं। जब वे स्कूल जाते हैं तो उन्हें दूसरे बच्चों से तालमेल बिठाने में कठिनाई महसूस होती है, क्योंकि उन्होंने तो सिर्फ अपनी बात मनवाना सीखा होता है। दूसरे बच्चे उनसे दोस्ती करना पसंद नहीं करते, क्योंकि उनमें अधिकार जमाने की भावना अधिक होती है। वे स्वार्थी होते हैं। बड़े उनके व्यवहार के कारण उनसे दूरी बनाए रखते हैं। इस तरह अभिभावकों के लिए भी उन पर अपना प्यार लुटाना असंभव-सा होने लगता है। वास्तव में बिगड़ने से बच्चे जीवन व वास्तविक दुनिया का सामना करने को तैयार नहीं हो पाते हैं।

आकलन करें

कोई अभिभावक नहीं चाहता कि उसका बच्चा बिगड़े, पर फिर भी बच्चे बिगड़ जाते हैं। कारण बहुत सारे हो सकते हैं। दादा-दादी का अत्यधिक लाड़, माँ-बाप का लापरवाह व्यवहार, उनकी हर बात का माना जाना और उनकी जिद के आगे माता-पिता का झुकना आदि। सभी बच्चे जिद करते हैं, उनकी अनावश्यक माँगें भी होती हैं; पर उस पर माता-पिता की प्रतिक्रिया क्या होती है, यह बात ज्यादा मायने रखती है। कभी-कभी की गई जिद या माँग को पूरा करना ठीक है, पर अगर वह लगातार चलनेवाला सिलसिला बन जाए और बच्चा बदतमीजी पर उतर आए तो निस्संदेह उस पर लगाम कसने की जरूरत है।

अभिभावकों को अपने आपसे कुछ सवाल पूछने चाहिए—

- क्या वे बच्चे के बार-बार तंग करने पर उसे समझाने के बजाय हारकर उसकी बात मान लेते हैं?
- घर में खिलौनों की भरमार होने के बावजूद बाजार में खिलौने को लेकर मचलने पर बच्चे को नया खिलौना लेकर देते हैं?
- क्या उसकी जिद की वजह से उसे बाजार ले जाते हुए आपको शर्म महसूस होती है, क्योंकि बाहर उसे सँभालना मुश्किल होता है?

अगर इन सवालों के जवाब 'हाँ' में हैं तो आपका बच्चा बिगड़ने की राह पर है। पर इसके जिम्मेदार आप ही हैं, क्योंकि जिस बच्चे ने बचपन में 'न' शब्द नहीं

सुना हो, वह बड़ा होने पर कैसे इससे उलट सुनकर उसे बरदाश्त कर पाएगा? मनोवैज्ञानिकों का मानना है कि बिगड़े बच्चे वे होते हैं, जिन्हें शैशव अवस्था में कभी भी किसी तरह की निराशा या 'न' सुनने का अवसर नहीं मिला होता है।

क्यों बिगड़ते हैं बच्चे?

1. **जब माता-पिता बच्चे को पर्याप्त समय न दे पाने के कारण ग्लानि का अनुभव करते हैं**—जिन परिवारों में माँ-बाप दोनों कामकाजी होते हैं या एकल अभिभावक होते हैं, वहाँ उनके मन में हमेशा यही ग्लानि रहती है कि वे बच्चे की ठीक से देखभाल नहीं कर पाते, उसके साथ समय नहीं बिताते। ऐसे माता-पिता उन्हें अनुशासित नहीं कर पाते, क्योंकि वे घर आने पर किसी तरह की परेशानी मोल लेने या बच्चे के रोने या शोर मचाने से बचना चाहते हैं।
2. **आप जब किसी नियम को बनाए रखने में असमर्थ रहते हैं**—बच्चे ने नाश्ते में एक चीज खाने की जिद की और आपने कहा कि नहीं, तुम जो बना है, उसे खाओ या फास्ट फूड खाने से उसे मना किया, पर अगली बार जब उसने वही चीज माँगी तो आपने उसे दे दी। इससे बच्चे को लगता है कि आप जो कहते हैं, उसे मानना जरूरी नहीं है।
3. **आप बहुत ज्यादा मदद करते हैं**—शिशु जब किसी काम को कर नहीं पाता है तो अभिभावक तुरंत उसकी मदद करने के लिए आगे बढ़ते हैं, बिना यह समझे कि बच्चे को कोशिश करने देनी चाहिए। इस तरह बच्चा अपने हर काम के लिए—नहाने, कपड़े पहनने, सामान सँभालकर रखने आदि के लिए पूर्णतया आत्म-निर्भर हो जाता है। वे काम, जिन्हें वे खुद कर सकते हैं, उनके लिए उन्हें स्वयं करके उन्हें गैर-जिम्मेदार न बनाएँ।
4. **आप उसे हर चीज देना चाहते हैं**—हैसियत या जरूरत न होने पर भी बच्चे की खुशी के लिए आप उसे हर चीज लेकर देते हैं। लेकिन बच्चे को बहुत कुछ देना उसे बिगाड़ सकता है। इस तरह अपने पास उपलब्ध चीजों से संतुष्ट होने के बजाय वह और चीजें पाने की लालसा रखने लगता है। वह हर नई चीज को पाना चाहता है।
5. **बच्चे की बुरी आदतों पर जब माता-पिता हँसते हैं**—बच्चे के किसी अन्य बच्चे को धक्का देने, किसी की चीज उठाकर फेंक देने या माता-पिता से ही इठलाकर गलत ढंग से बोलने के बावजूद जब वे उसे डाँटने के

बजाय उसकी अदा या शरारत पर मुसकराते हैं। यह समझ न पाने के कारण कि उसके इस तरह के व्यवहार पर रोक कैसे लगाई जाए, वह उसे 'मस्तराम' या 'प्यारा' है कहकर अपने मन को भरमाते हैं। जिन बच्चों पर अंकुश नहीं लगाया जाता, वे न तो अपनी चीजों की कद्र कर पाते हैं और न ही अपने से बड़ों का कभी सम्मान कर पाते हैं।

अपनी बात पर अडिग रहें

अभिभावकों को शैशवावस्था में ही उनकी सीमाएँ तय कर देनी चाहिए। जिन बच्चों के सामने एकदम स्पष्ट सीमाएँ होती हैं, वे सुरक्षित महसूस करते हैं और उनका व्यवहार भी संतुलित होता है। वे शैतानी अवश्य करते हैं, पर उसे जिद या बदतमीजी के वर्ग में नहीं रखा जा सकता है। नियम क्या हैं, यह मायने नहीं रखता। मायने यह रखता है कि आप कितने नियम से उन्हें लागू रखते हैं। शिशुओं के लिए इन तीन-चार नियमों पर अडिग रहना काफी है—किसी को मारो मत, बड़े जब बात कर रहे हों तो टोको नहीं, अपने खिलौने जगह पर रखो। जब बच्चा किसी जिद को पूरा कराने के लिए रोए या जमीन पर लेटे तो उसकी इस हरकत को नजरअंदाज कर दें। बच्चे को जब इस बात का एहसास हो जाएगा कि ऐसा करने पर भी वह आपका ध्यान नहीं खींच पाएगा तो उसकी ऐसी हरकतों में कमी आ जाएगी। किसी और बात या काम में ध्यान लगाकर बच्चे को बहलाएँ।

बच्चों को बिगड़ने से रोकना या उनकी माँगों को ठुकराना बेशक आपको बुरा लग सकता है, पर इस तरह बच्चे को अपनी भावनाओं और व्यवहार पर नियंत्रण करना आ जाएगा। वे सहयोग करना सीखेंगे, नियमों का पालन करेंगे और चीजों की कद्र करना सीख जाएँगे तथा उनकी यह आदत बड़े होने पर भी कायम रहेगी।

सीमाएँ तय करें

जिन घरों में सीमाएँ नहीं तय की जाती हैं, वहाँ बच्चे का संवेगात्मक विकास नहीं हो पाता है। एक अच्छे छात्र बनना व अपने लक्ष्य पर ध्यान केंद्रित करना सिखाना जितना आवश्यक है, उतना ही आवश्यक उसे यह सिखाना है कि कैसे अपनी जरूरतों को टाला जाए, कठिनाइयों से जूझा जाए और अपनी समस्याओं का समाधान स्वयं ढूँढ़ा जाए, ताकि वे जीवन में सफलता हासिल कर सकें। अपनी समस्याओं का खुद समाधान ढूँढ़ने की प्रेरणा देकर अभिभावक उन्हें जीवन में आनेवाले बड़े खतरों का सामना करने के लिए तैयार करते हैं।

न कहना सीखें

बच्चे की आयु के अनुसार उसकी माँगों को रोकने के लिए 'न' कहना बहुत जरूरी है। हालाँकि अभिभावकों को ऐसा करना कठिन लगता है। आजकल तो वैसे भी एक या दो बच्चे ही होते हैं और माता-पिता कहते हैं कि आखिर हम इनके लिए ही कमा रहे हैं, अगर इनकी ही छोटी-छोटी खुशियों को पूरा नहीं कर पाए तो कमाने का फायदा ही क्या? दूसरे, समय न दे पाने की कमी की भरपाई वे उनकी माँगों को पूरा कर करते हैं।

क्या करें

- उसके बुरे व्यवहार को नजरअंदाज व अच्छे व्यवहार पर शाबाशी या पुरस्कार दें। इस तरह वह जान जाएगा कि केवल उसके अच्छे व्यवहार करने पर ही उसकी बात मानी जाएगी।
- सीमाएँ तय करना हर बच्चे के लिए आवश्यक है। अगर आरंभ में ही सीमाएँ तय कर दी जाएँ तो बच्चा गलत व सही के बीच अंतर करना सीख जाता है।
- यह नहीं मानकर चलें कि बच्चे की खुशी केवल भौतिक चीजों पर टिकी होती है। कई बार ऐसा ही सोचकर वे उन्हें जरूरत से ज्यादा दे देते हैं।
- अगर बच्चा किसी परेशानी की वजह से रो रहा है तो फौरन उसकी मदद करें। अगर केवल वह जिद पूरी करने के लिए रो रहा है तो उसकी इस हरकत को नजरअंदाज कर दें।
- समय पर्याप्त न देने पर भी जब उसके साथ हों तो अनुशासन में कमी न आने दें।
- बच्चे को इंतजार करना सिखाएँ। इससे उसके अंदर सहनशीलता भी आएगी।
- उसे बड़ों का सम्मान करना सिखाएँ और इसके लिए स्वयं आदर्श बनें।

□

19

बच्चा कैसे रहे खुश व स्वस्थ ?

आपके आंतरिक विचार आपको अमीर या गरीब, खुश या दुःखी, आकर्षक या अनाकर्षक, कमजोर या शक्तिशाली, किसी से प्यार करना या किसी को नापसंद करना सिखाते हैं।

—अज्ञात

हर अभिभावक चाहता है कि उसका बच्चा खुश व स्वस्थ रहे। उसकी खुशी व उसके अच्छे स्वास्थ्य के लिए वे हर-संभव कोशिश करते हैं। बच्चे किस तरह खुश होते हैं, इसको लेकर विशेषज्ञों के मत अलग-अलग हैं; पर यह सच है कि खुशी एक ऐसी चीज है जिसे आप आकर्षक ढंग से पैक किए उपहार की तरह बच्चे को दे सकते हैं।

अभिभावक बच्चे को खिलौने, चॉकलेट या महँगे कपड़े देकर सोचते हैं कि उनका बच्चा खुश हो गया है। यह सच है कि बच्चा मनपसंद चीजों को पाकर खुश हो जाता है, पर वह खुशी स्थायी नहीं होती है। ऐसा इसलिए होता है, क्योंकि खुशी आंतरिक भाव है, बाहरी नहीं। खुशनुमा, प्यार भरे और एक-दूसरे का सम्मान करने वाले परिवार में पलनेवाले बच्चे खुश रहते हैं। जिस घर में तनाव रहता है, माता-पिता के बीच आपसी मतभेद होते हैं, वहाँ बच्चा तमाम सुख-सुविधाओं के बीच भी नाखुश रहता है। अपनी उदासी को वह कभी क्रोध से तो कभी चुप रहकर प्रकट करता है। बच्चे के मुख पर हमेशा मुसकराहट छाई रहे, वह निराश न हो और जीवन में आनेवाली चुनौतियों का मुकाबला हँसकर व हिम्मत से करे, इसके लिए आवश्यक है कि बच्चे की परवरिश एक खुले माहौल में हो।

बच्चे के साथ खेलें

अपने मित्रों के साथ खेलना बच्चों को बहुत अच्छा लगता है, पर माता-पिता जब बच्चे के साथ खेलते हैं तो वह समय उसके लिए सबसे आनंददायक होता है। अगर माता-पिता उसकी छोटी-छोटी गतिविधियों का हिस्सा बनते हैं तो बच्चे में उमंग पैदा होती है। उसकी मौज-मस्ती की दुनिया में प्रवेश करें, फिर देखिए, कैसे आपका बच्चा खुश रहता है! खेलने से खुशी तो मिलती ही है, साथ ही खेल-खेल में कई खोजें भी हो जाती हैं, सृजन भी हो जाता है।

बच्चे की बात सुनें

बच्चे की हर बात मनोयोग से सुनें। उसे झिड़ककर भगाएँ नहीं, न ही उसकी बातों को बचकानी समझ नजरअंदाज करें। उसके सवाल सुनें। जब भी उससे बात करें तो अपना सारा ध्यान उस पर ही केंद्रित कर दें। इस तरह उसे सबसे ज्यादा खुशी महसूस होगी।

जीतने की खुशी

खुश व्यक्ति वे होते हैं, जिन्होंने किसी चीज में निपुणता हासिल कर ली हो। जैसे आपका बच्चा साइकिल चलाने का अभ्यास करता है। इस दौरान वह कई बार गिरता भी है और गलतियाँ भी करता है। लेकिन निरंतर प्रयास करते रहने के बाद जब वह सफल हो जाता है तो वह उसके लिए सबसे बड़ी खुशी की बात होती है। ऐसे बच्चे बचपन में सीखे इस पाठ को याद रखते हैं और जीवन में कभी अपने को दुःखी या हताश होने का अवसर नहीं देते हैं। बच्चा जब प्रयास करे तो उसे बढ़ावा दें और अवसर भी। जीवन पर नियंत्रण होने तथा कुछ कर पाने की संतुष्टि सबसे बड़ी खुशी होती है।

कभी हार न मानो

बच्चों को यह सिखाना कि उन्हें कठिन परिस्थितियों में हार नहीं माननी चाहिए, बहुत जरूरी है। इससे वे सीखते हैं कि वास्तविक खुशी क्या होती है और किस तरह संतुष्टि हासिल की जा सकती है। चाहे उन्हें कोई चीज अच्छी न लगे, फिर भी उसे करते समय निष्ठा होनी चाहिए। ऐसा करनेवाले बच्चे अच्छे इनसान बनते हैं। अगर बच्चा किसी कार्य को ठीक से करने में असमर्थ है तो उसे सही राह

दिखाने में मदद करें। उन्हें तब तक अभ्यास करने को कहें, जब तक कि वे पूरी तरह से सफल नहीं हो जाते।

अच्छे विचार दें

बच्चा खुश व स्वस्थ रहे, इसके लिए उसे अच्छे संस्कारों के साथ सकारात्मक सोच भी दें। अगर अभिभावक हर बात पर नकारात्मक नजरिया रखते हैं, बात-बात पर किस्मत को कोसने लगते हैं, या फिर अपनी असफलता का दोष दूसरों को देते हैं तो बच्चे पर भी उनके विचारों का असर वैसा ही पड़ता है। वह उसी को जीवन जीने का तरीका मान लेता है। सकारात्मक विचारों को अपनाना पड़ता है। यह कोई ऐसी वस्तु नहीं है, जिसे कोई रोज सुबह हमारे घर के दरवाजे पर छोड़कर जा सकता है। स्थितियों को प्रयास कर अनुकूल बनाया जा सकता है।

बच्चे को बताना या अपना उदाहरण देना या समझाना आवश्यक है कि खुशी की तलाश करना या पाना केवल मन के विचारों पर आधारित होता है। हमारा दिमाग एक प्रोग्राम की तरह होता है। उसमें जैसा डाटा डालो, वह उसी तरह काम करता है। या उस बैंक के लॉकर की तरह होता है जिसमें जो जमा करोगे, वही जमा हो जाएगा। अगर हम उसमें सकारात्मक विचार सगृहित करते हैं तो उसी के अनुसार हमारे सारे कार्य व व्यवहार निर्धारित होंगे। अगर हम केवल उसमें शिकायतें, नकारात्मक विचार व दूसरों के प्रति गलत धारणाएँ समाहित करते हैं तो हमारी जिंदगी भी वैसे ही चलेगी। फिर तो खुशी ढूँढ़ने से भी नहीं मिलेगी। जब मन ही खुश नहीं होगा तो तन कैसे खिला-खिला रह पाएगा?

स्वस्थ तन यानी स्वस्थ मन

बच्चे का रोज ब्रश करना, नहाना व साफ कपड़े पहनना जरूरी है। इससे बच्चा दिन भर ताजगी महसूस करता है। पर्याप्त नींद, एक्सरसाइज व पौष्टिक आहार एक स्वस्थ जीवन जीने के लिए अनिवार्य है, खासकर बच्चों के लिए। एक्सरसाइज करने के लिए आपके बच्चे को किसी जिम में जाने की जरूरत नहीं है, उसका भागना-दौड़ना ही काफी है। बच्चे चूँकि दिन भर सक्रिय रहते हैं और उनका दिमाग भी काम करता रहता है—चाहे रचनात्मक गतिविधियों में या चाहे तोड़-फोड़ में, इसलिए उनके लिए आठ घंटे की नींद अनिवार्य है। बच्चा अगर स्कूल से आकर सो जाए तो और भी अच्छा रहता है। इससे वह शाम को थका या चिड़चिड़ा महसूस नहीं करता।

बढ़ते बच्चों को सही व संतुलित आहार मिलना चाहिए। आजकल जबकि फास्ट फूड का चलन बहुत बढ़ गया है और माँ के कामकाजी होने के कारण हर समय उनके भोजन पर ध्यान देना संभव नहीं रहा है, ऐसे में दिक्कतें ज्यादा बढ़ गई हैं। लेकिन बच्चों के शारीरिक व मानसिक विकास के लिए उन्हें पौष्टिक आहार देना, जिसमें पर्याप्त मात्रा में विटामिन व पोषक तत्त्व हों, आवश्यक है।

बच्चे को पौष्टिक भोजन लेने की आदत पड़ जाए, इसके लिए शैशवावस्था से ही उसे ऐसा आहार दें। उसे हर प्रकार की सब्जी खिलाएँ। ताजे मौसमी फल खाने को दें। जैसा खाना घर में बनता है, वही उसे दें। यह नहीं कि कम मिर्च या अधिक मीठा खाना अलग से उसके लिए बनाया जाए। उसके खाने व परोसने में विविधता लाएँ। सलाद व कच्ची सब्जियाँ अगर माता-पिता खाते हैं तो बच्चे को भी खाने की आदत पड़ जाती है।

घर में जंक फूड रखने के बजाय ऐसे स्नैक्स रखें, जो पोषण व स्वाद से भरपूर हों। फल, मेवा आदि रखें। चॉकलेट व चिप्स कभी-कभी खाने के लिए ठीक हैं, पर रोज ही उन्हें खाना हानिकारक होता है। इससे बच्चे की सक्रियता व सोचने की शक्ति पर असर पड़ता है।

नाश्ते में बच्चे को ऐसा आहार दें, जिसमें फाइबर प्रचुर मात्रा में हो। जैसे साबुत अनाज की ब्रेड, फल, कॉर्नफ्लेक्स, अंडा, बिना वसा का पनीर व दही। उसे दूध या फलों का जूस दें। उसके टिफिन में आप चपाती व सब्जी या अंकुरित अनाज रख सकते हैं।

दोपहर के भोजन में चपाती, दाल, चावल, हरी सब्जी, सलाद, दही दें। रात के खाने में सब्जियों का सूप, रोटी, सब्जी आदि दी जा सकती हैं।

□

20

बच्चे को जीनियस कैसे बनाएँ?

सारे बच्चे जन्मजात जीनियस होते हैं और हम उनकी जिंदगी के पहले छह वर्ष उन्हें बुद्धू बनाने में बिता देते हैं।

—आर. बकमिनिस्टर फुलर

तीन वर्षीय मिकी पाँच अंकोंवाली संख्या को इतनी शीघ्रता से जोड़ लेता है कि बच्चे तब तक 10 तक गिनती तक भी नहीं कर पाते हैं। दस वर्षीय एमी अमेरिका के रॉयल कॉलेज ऑफ म्यूजिक में प्रवेश पानेवाली सबसे छोटी छात्रा है। मिशेल पाँच वर्ष की उम्र से शेक्सपियर को पढ़ रहा है और वह ब्रिटेन का सबसे छोटा लेखक है, जिसकी किताब प्रकाशित हो चुकी है। भारत की दस वर्षीया एक बच्ची ने एक उपन्यास लिखा है। ऐसे अनेक उदाहरण दिए जा सकते हैं।

विलक्षण क्षमता

ये आम बच्चे नहीं हैं और उनकी जिंदगी में निरंतर प्रतियोगिताएँ चलती रहती हैं, जिसमें उन्हें भी दिक्कतों व असफलताओं का सामना करना पड़ता है। लेकिन ऐसी क्या बात है या क्या चीज है, जो इन बच्चों को विलक्षण बनाती है? क्या वे इन गुणों के साथ ही पैदा हुए थे या इन्होंने इन्हें अर्जित किया है? इन जीनियस कहलाए जानेवाले बच्चों में आखिर क्या खासियत है, जो अपनी उम्र के बच्चों से उन्हें अलग बनाती है? दरअसल इनमें ऐसी क्षमताएँ होती हैं जो और बच्चों में नहीं होती हैं। इन्हें 'गिफ्टेड चाइल्ड' भी कहा जाता है।

ऐसे बच्चे हर सामान्य चीज को भी अलग ढंग से देखते हैं और अकसर

STORY BOOK

उन्हें वह दिख जाता है, जो दूसरों को न तो दिखता है और न ही समझ आता है। इनका आई क्यू स्तर अधिक होता है और चीजों को ग्रहण करने की क्षमता भी विलक्षण होती है। सेब के धरती पर गिरने से ये गुरुत्वाकर्षण का सिद्धांत विकसित कर लेते हैं और चुनौतियों के पहाड़ को अपनी तीक्ष्ण बुद्धि से आसानी से पार कर जाते हैं। मानसिक और बौद्धिक विकास उनका अन्य बच्चों की अपेक्षा ज्यादा जल्दी हो जाता है।

आपका बच्चा भी बन सकता है जीनियस

लेकिन बच्चों को जीनियस बनाया भी जा सकता है। उन्हें सही मार्ग व रचनात्मक गतिविधियों में लगाकर उनके आई क्यू स्तर को बढ़ाया व सोचने की शक्ति को विलक्षण किया जा सकता है। बच्चे का व्यवहार गढ़ने तथा उसका शारीरिक व मानसिक विकास करने के लिए निपुणता व मार्गदर्शन की आवश्यकता होती है। माता-पिता दोनों के सहयोग से ही ऐसा हो पाना संभव है। अभिभावक चाहें तो वे भी अपने बच्चे को जीनियस बना सकते हैं। बच्चे के पहले पाँच-छह वर्ष उसके विकास में बहुत महत्त्वपूर्ण होते हैं और उनके ही आधार पर उसके चरित्र, स्वास्थ्य व बुद्धिमत्ता की नींव रखी जाती है।

हर बच्चा विशेष है

सबसे पहले तो यह समझना आवश्यक है कि हर बच्चा अलग होता है। उसका व्यवहार, सोने-जागने की आदतें, खाने की मात्रा व शारीरिक विकास तथा मानसिक क्षमता अलग होती है। दो बच्चे समान स्तर पर कभी नहीं सोच सकते हैं। और इसकी वजह व्यापक रूप से उनकी जीवन-शैली, परिवेश व अभिभावकों की मानसिकता व शैक्षिक योग्यता होती है। इसलिए हमेशा बच्चे की सारी कार्य-कुशलता के आधार पर उसकी योग्यता का निर्धारण करना चाहिए। यह सोचकर उसका मनोबल नहीं तोड़ना चाहिए कि दूसरा बच्चा उससे कहीं बेहतर है।

आइंस्टाइन एक सफल वैज्ञानिक था, पर जीवन के इस मुकाम पर वह सहजता से नहीं पहुँचा था। लेकिन उसने हिम्मत नहीं हारी और किसी को भी अपने लिए सीमाएँ तय करने की अनुमति नहीं दी। उसने अपने लिए स्वयं लक्ष्य व सीमाएँ निर्धारित कीं। उसने खुद पर और अपनी क्षमताओं पर यकीन किया। उसके माता-पिता ने कभी उसे सफल होने के लिए बाध्य नहीं किया, वरन् उसे भरपूर सहयोग व प्यार दिया; बल्कि उसे अपने ज्ञान का विस्तार करने के लिए

एक खुला आकाश दिया।

आप कुछ खास टिप्स को अपनाकर अपने बच्चे को जीनियस व विजेता बना सकते हैं—

टी.वी. से दूर रखें : हालाँकि टी.वी. देखना कोई बुरी बात नहीं है, लेकिन जो बच्चे अभी सीखने की प्रक्रिया से गुजर रहे हैं, जिनके लिए रचनात्मक होना जरूरी है, उनकी रचनात्मकता को टी.वी. छीन लेता है। टी.वी. में आनेवाले कार्यक्रम (ज्ञानवर्धक चैनलों को छोड़ दें) तो वास्तविकता से इतने परे होते हैं कि बाल-बुद्धि न तो उन्हें समझ पाती है और न ही अभिभावकों के पास उनके जवाब होते हैं। बच्चे अपना खाली समय टी.वी. देखने में बिताएँ, उससे बेहतर होगा कि उन्हें पढ़ाई के साथ-साथ रचनात्मक गतिविधियों में व्यस्त रखें। उन्हें चीजों को एक्सप्लोर करने का मौका दें।

किताबें पढ़कर सुनाएँ : यह नहीं सोचें कि बच्चा छोटा है तो उसे अभी क्या समझ आएगा। शैशवावस्था से ही उसे किताबें पढ़कर सुनाएँ। शिशु के सामने ऐसी किताबें रखें, जिनमें चित्र हों। केवल यह सोचकर कि अभी छोटा है, उसे केवल बाल पुस्तकें ही पढ़ने या कहानियाँ ही न सुनाएँ, वरन् हर विषय की किताबें—इतिहास, कविता, विज्ञान आदि से संबंधित बातों की जानकारी भी दें। आजकल तो सीडी भी उपलब्ध हैं। आप उन्हें ज्ञानवर्धक सीडी भी दिखा सकते हैं।

नए शब्दों से परिचय करवाएँ : बच्चे से हर विषय से जुड़ी बात करें। उन्हें नए शब्दों से अवगत कराएँ। केवल किताबी दुनिया तक ही उसे सीमित न रखें, उसे घर से बाहर की दुनिया के संपर्क में भी लाएँ और नए व कठिन शब्दों का प्रयोग करने में भी न हिचकें। उनके अर्थ बताएँ और उसे भी नए-नए शब्द अपनी बातचीत में सम्मिलित करने के लिए उत्साहित करें।

उन पर गर्व करें, पर किसी चीज के लिए बाध्य नहीं : जरूरी नहीं कि बच्चे हर काम में ही निपुण हों तथा हर क्षेत्र में अव्वल आने की योग्यता रखते हों। अपनी महत्त्वाकांक्षाओं का बोझ उन पर न थोपें। उन्हें कभी यह न लगे कि वे अच्छा करेंगे तो ही उन्हें प्रशंसा मिलेगी। उन्हें अवसर दें और निर्णय लेने की स्वतंत्रता भी दें कि वे क्या करना चाहते हैं। वे जो भी करें, उस पर गर्व करें और उससे संबंधित चीजों को जुटाकर उसकी बुद्धिमत्ता व रुचि को निखारने में उसकी मदद करें।

एकाग्रता व ध्यान केंद्रित करना सिखाएँ : कुछ बच्चे देर तक एक ही काम में ध्यान केंद्रित कर सकते हैं, पर कुछ बच्चों का ध्यान भटकता रहता है। बच्चों से यह अपेक्षा रखना कि वे लगातार किसी काम में मन लगाए रखें, गलत ही है। क्योंकि

बच्चों में सक्रियता व चंचलता दोनों ही समान रूप से होती है। ऐसा इसलिए, क्योंकि उनका दिमाग बहुत तेज गति से कार्य करता है। वे चीजों को सीखने को उत्सुक होते हैं। जब उन्हें लगता है कि उन्होंने एक चीज को जान लिया है तो वे दूसरी के बारे में जानने को उत्सुक हो जाते हैं।

तकनीकें सिखाएँ : बच्चों को जीनियस बनाने के लिए उन्हें ध्यान केंद्रित करने की तकनीक सिखाएँ। ऐसे कई व्यायाम व खेल होते हैं, जिनसे एकाग्रता आती है। अपने बच्चे को आँख बंद कर एक त्रिकोण या चौकोर या कोई भी आकृति, जिसके बारे में उसे जानकारी हो, की कल्पना करने को कहें। फिर उससे कहें कि वह बंद आँखों से ही उस आकृति का चित्र कागज पर बनाए। उसे ऐसा तब तक करने के लिए कहें, जब तक कि वह चित्र सही ढंग से नहीं बना लेता। यह काम करना तब तक असंभव है, जब तक कि बच्चा पूरी तरह से चित्र को बनाने में अपना ध्यान केंद्रित न करे।

एक और अन्य दिलचस्प खेल है। अपने बच्चे को आँख बंद कर अपनी बाँह सीधे फैलाने के लिए कहें। फिर कहें कि वह कल्पना करे कि उसकी हथेली में तपिश महसूस हो रही है, जैसे कि उसने गरम आलू हाथ में पकड़ा हुआ है। थोड़ी देर बाद जब वह असुविधा महसूस करने लगे तो उससे आँख खोलने के लिए कहें और उसके हाथ को सहला दें।

श्वास को संयमित करने का खेल : ध्यान केंद्रित करने के लिए यह बहुत ही उत्तम तकनीक है। बच्चे को दस तक गिनती करने को कहें और उस दौरान केवल अपने श्वास पर ही उसका ध्यान होना चाहिए। फिर श्वास को अंदर खींचते हुए उसे बाहर खींचने की तकनीक उसे सिखाएँ।

प्रतियोगिता करें : बच्चे से कहें कि देखते हैं कि कौन लंबे समय तक एक ही चीज को देख सकता है? इस तरह खेल को नियमित बनाते हुए उसके अंदर केंद्रित करने की अवधि को बढ़ाया जा सकता है।

विभिन्न माहौल दें : अपने बच्चे को पढ़ने के लिए विभिन्न माहौल दें। कभी उसे लाइब्रेरी में ले जाएँ तो कभी पार्क में। जहाँ वह ध्यान केंद्रित कर सके, उस माहौल में ले जाएँ। यहाँ तक कि शोर-शराबेवाली जगह पर भी उसे ले जाएँ। रूसी शतरंज खिलाड़ी ऐसी जगह पर अभ्यास करते हैं, जहाँ बहुत शोर होता है। इस तरह वे एकाग्रता बढ़ाने का अभ्यास भी कर लेते हैं।

बच्चे को आरंभ में ही लक्ष्य निर्धारित करने के लिए प्रोत्साहित करें : जब नया साल आरंभ हो तो वार्षिक लक्ष्य बनाए जा सकते हैं, महीने के आरंभ में मासिक

व सप्ताह के आरंभ में साप्ताहिक। बच्चे को लक्ष्यों को पूरा करने के लिए योजनाबद्ध ढंग से कार्य करने के लिए मार्गदर्शन दें। साल खत्म होने पर बच्चे की उपलब्धियों का जश्न मनाएँ। बच्चे को पता होना चाहिए कि वह कितना सफल है।

गलतियाँ करना बुरा नहीं : गलती होने पर बच्चे के अंदर किसी तरह का अपराध-बोध विकसित करने के बजाय उसे समझाएँ कि गलतियाँ होना सामान्य बात है, पर उससे सीखकर अपने में सुधार लानेवाले बच्चे ही विजेता और जीनियस कहलाते हैं। उसका आत्मविश्वास बनाए रखें और गलतियों व कमियों का आकलन करने में उसकी मदद करें।

क्या करें

- बच्चे के साथ अधिक-से-अधिक समय व्यतीत करें। उससे जितना संभव हो, बात करें, उसकी बात सुनें।
- स्वयं संगीत, कला, पढ़ने या अन्य चीजों में दिलचस्पी लें। इस तरह बच्चे में भी सीखने का उत्साह पैदा होगा।
- वे जो भी करते हैं, उनकी प्रशंसा करें। उनके प्रयासों की सराहना होने से उन्हें और बढ़-चढ़कर उसे करने की प्रेरणा मिलेगी। अगर वे असफल भी हो जाएँ तो भी उनके प्रयासों की कद्र कर उनका मार्गदर्शन करें।
- बच्चों के हर काम में परफेक्शन हो, ऐसी उम्मीद न रखें। जीनियस के अंदर खास गुण होते हैं, पर खास चीज के लिए। कोई कला में जीनियस होता है तो कोई विज्ञान में तो कोई तार्किक ढंग से।
- बच्चे को स्वतंत्र होकर कार्य करने दें। इस तरह बच्चे के अंदर तार्किक क्षमता का विकास होता है। नए विचारों का जन्म होने से ही बच्चा नई चीजों के बारे में जानकारी एकत्रित करने को उत्सुक होता है।

□

21

विजेता की खूबियाँ

एक विजेता के पास हमेशा एक योजना होती है और हारनेवाले के पास हमेशा एक बहाना होता है।
विजेता कहता है, मुझे तुम्हारी मदद करने दो और हारनेवाला कहता है कि यह मेरा काम नहीं ।
एक विजेता किसी भी समस्या के लिए समाधान ढूँढ़ लेता है, पर हारनेवाले को हर समाधान में एक समस्या दिखाई देती है।
एक विजेता कहता है कि यह कठिन है, पर असंभव नहीं। असफल व्यक्ति कहता है कि यह संभव है, पर उसे करना बहुत कठिन है।

—अज्ञात

जीवन प्रतिबिंब है

एक बार एक पिता-पुत्र पहाड़ पर चढ़ रहे थे। अचानक बेटा गिर गया और उसके मुँह से चीख निकल गई। जब उसे पुनः अपनी आवाज सुनाई दी तो उसे बहुत आश्चर्य हुआ। उत्सुकतावश वह फिर चिल्लाया, "तुम कौन हो ?"

उसे जवाब मिला, "तुम कौन हो ?"

वह फिर पहाड़ की ओर देखते हुए बोला, "मुझे तुम अच्छे लगते हो।"

उसे भी वही जवाब मिला, "मुझे तुम अच्छे लगते हो।"

यह देखकर कि दूसरा व्यक्ति उसकी बात को लगातार दोहराता जा रहा है, पुत्र को गुस्सा आ गया और वह बोला, "कायर!"

उसे फिर वही जवाब मिला तो उसने पिता से पूछा, "यह क्या हो रहा है ?"

पिता ने कहा, "बेटा, ध्यान लगाओ तो तुम्हें सब समझ आ जाएगा।"

फिर पिता जोर से चिल्लाया, "तुम विजेता हो!"

प्रत्युत्तर में वही जवाब मिला तो बेटे को बहुत आश्चर्य हुआ, पर बात समझ नहीं आई। फिर पिता ने उसे समझाया, "इसे गूँज कहा जाता है, पर वास्तव में यह जिंदगी है। जो भी तुम करते या कहते हो, वही तुम्हें वापस मिलता है। हमारा जीवन हमारे ही कृत्यों का प्रतिबिंब है। अगर तुम प्यार पाना चाहते हो तो अपने दिल में प्यार पैदा करो। अगर तुम सफल होना चाहते हो तो अपने जीवन को हर तरह से सफल बनाओ। जीवन के हर पहलू में यही सिद्धांत लागू होता है। जीवन को जो तुम देते हो, वही वह तुम्हें वापस करता है। जीवन कोई संयोग नहीं है, वह तुम्हारा ही प्रतिबिंब है।"

विजेता बनना एक आदत विकसित करना है। जितनी जल्दी आप इसे विकसित कर लेंगे, उतना विजेता बनना आसान हो जाएगा। उचित नियंत्रण, समय-प्रबंधन, सकारात्मक सोच और अवसरों की संभावनाओं को समझते हुए ही आपका बच्चा विजेता बन सकता है, क्योंकि उसकी इच्छाशक्ति उसे अपनी काबिलीयत पर भरोसा करना सिखा देगी।

विजेता के गुण

अब्राहम लिंकन, गांधी, चर्चिल, रूजवेल्ट—ऐसे अनगिनत नाम हैं, जो अपने समय के विजेता थे तथा जिन्होंने दुनिया का तख्ता पलट दिया था। सवाल उठता है कि विजेता कैसे बना जाता है? अगर हम एक कक्षा में पढ़नेवाले 50 छात्रों की बात करें तो उनमें से एक ऐसा होता है जो सबसे बेहतर होता है, जो हर चीज में सफल होता है और जिसे सब आदर्श मानते हैं। इसी तरह किसी भी क्षेत्र में देखें तो पाएँगे कि अलग हटकर एक ऐसा व्यक्ति है, जिसमें विजेता की खूबियाँ हैं। आखिर वे कौन सी खूबियाँ होती हैं, जो किसी को विजेता बनाती हैं?

बाधाओं का सामना करना : हर किसी की तरह विजेताओं को भी बाधाओं का सामना करना पड़ता है; पर वे उन्हें एक चुनौती की तरह लेते हैं। हर नई चुनौती उन्हें ज्यादा बेहतर और दक्ष बनाती है। थॉमस अल्वा एडीसन को बल्ब की खोज करने से पहले 10,000 बार बाधाओं का सामना करना पड़ा था; पर उन्होंने हर बार बाधा को एक प्रयोग और खोज में रह गई कमी की तरह लिया।

केंद्रबिंदु होना : अर्जुन की तरह विजेताओं की नजर केवल मछली की आँख की ओर रहती है। छोटी-छोटी बातों की ओर ध्यान लगाने के बजाय वे बड़े उद्देश्यों पर फोकस कर उसी दिशा में काम करते हैं। यह सड़क पर चलने जैसा है। विजेता

लगातार चलता रहता है, जबकि दूसरे लोग ऐसे छोटे-छोटे रास्तों की खोज करने लग जाते हैं, जो उन्हें सड़क तक पहुँचा दे। विजेता केवल लक्ष्य की ओर कदम बढ़ाता हुआ चलता है।

कठिन परिश्रम : विजेता कठिन परिश्रम करने से घबराते नहीं। उनके जीवन की डिक्शनरी में हारने जैसा कोई शब्द नहीं होता है। अपने लक्ष्य को प्राप्त करने की इच्छा उनके अंदर इतनी ऊर्जा भर देती है कि वे थकते ही नहीं हैं। विजेता आराम पसंद नहीं करते।

दृढ़ निश्चय : विजेता जो काम हाथ में लेते हैं, उसे दृढ़ता से पूरा करते हैं। कैसी भी परिस्थितियाँ हों, वे अडिग रहते हैं। ऐसा नहीं है कि उन्हें तकलीफ नहीं होती, उन्हें घाव नहीं लगते; पर वे उनसे विचलित नहीं होते।

आकलन करते हैं : विजेता अपने बारे में समय-समय पर आकलन करते रहते हैं। दूसरे उनके बारे में क्या कहते हैं या सोचते हैं, उस आधार पर कार्य नहीं करते हैं। वे दूसरों की सोच व मानकों के अनुसार अपने जीवन को नहीं चलाते हैं। विजेता दूसरों को कभी भी निर्णायक बनने की अनुमति नहीं देते हैं। वे सकारात्मक सोच रखते हुए अपने निर्णय खुद लेते हैं।

आत्मविश्वास से युक्त : हारने पर भी विजेता का आत्मविश्वास कभी डगमगाता नहीं है। उसे न सिर्फ अपनी योग्यता पर भरोसा होता है, वरन् इस बात का भी यकीन होता है कि वह जो भी काम में हाथ लेगा, उसे बेहतर ढंग से पूरा कर सकता है। लोग उसके बारे में जो कहें, उसका हौसला कभी टूटता नहीं है। विश्वास में ऐसी शक्ति होती है, जो पत्थर को भी चटका देती है। विजेता इसी शक्ति के बल पर नेपोलियन बनता है।

अच्छा श्रोता : विजेता एक अच्छा श्रोता होता है। वह दूसरों की बातों को महत्त्व देता है, इसलिए मन लगाकर उन्हें सुनता है। वह कभी अपनी बात पहले कहने या दूसरों की बात काटने के लिए आतुर नहीं रहता। जब वह अपनी बात कहता है तो उसमें दूसरों को कायल करने की शक्ति होती है! क्योंकि वह बिना सोचे-समझे कुछ नहीं कहता।

धैर्य : विजेता बनने के लिए सबसे जरूरी है धैर्य होना, क्योंकि हम जिनके संपर्क में आते हैं या जिन परिस्थितियों से गुजरते हैं, जरूरी नहीं कि वे हमेशा अनुकूल ही हों। ऐसे में सहनशील होना आवश्यक है। किसी ने कुछ गलत कहा और बेकाबू हो गए, ऐसा विजेता नहीं करते। किसी भी बात से परेशान हो तुरंत प्रक्रिया करना उनका स्वभाव नहीं होता।

खुश रहते हैं : विजेता के चेहरे पर एक आभा होती है, तभी तो लोग उसकी बातें सुनने उसकी ओर खिंचे चले आते हैं। उसके चेहरे पर छाई रहनेवाली खुशी उसके जीवन से संतुष्ट होने का परिचायक होती है। दु:खी वही होते हैं, जिन्हें अपने पर भरोसा नहीं होता है। विजेता जानता है कि उसे क्या करना है और कैसे करना है, इसलिए विपरीत स्थितियों में भी वह मुसकराता रहता है। आप जहाँ हैं, वहीं खुश रहना सीखें। आप पाएँगे कि खुशी आपको प्रचुरता में मिल रही है।

ये अवश्य करें

- हर वह काम जो करना चाहते हैं, उसमें एक अवसर छिपा होता है। इसलिए कार्य को बोझ की तरह न करके एक ऐसी गतिविधि की तरह करें, जिसको करने से उत्साह दुगुना हो जाता है और जीवन में क्रियाशीलता बनी रहती है।
- किसी भी काम को उबाऊ, बेकार या निरर्थक मानकर न करें। कोई भी काम निरर्थक नहीं होता, केवल आपके देखने के नजरिए में कमी होती है। आप वही बनते हैं, जैसा विचार व सोच आप अपने बारे में रखते हैं।
- जब आप अपने को मिले अवसर के प्रति कृतज्ञता प्रकट करते हैं तो आपको हर चीज अच्छी व सकारात्मक ढंग से दिखाई देती है।
- जब आप अपने कार्यों को इसलिए करना आरंभ कर देते हैं कि आप सचमुच उन्हें करना चाहते थे तो आपके जीवन में बदलाव आ सकता है। फिर हर क्षण अर्थपूर्ण हो जाता है, हर प्रयास और बेहतर हो जाता है और उसका परिणाम भी बेहतर मिलने लगता है।
- किसी काम को करने के लिए अपने को बाध्य करने के बजाय विरोध छोड़ उसे पूरा करने में जुट जाएँ। आप जो बनना चाहते हैं, जो करना चाहते हैं, उसके लिए अपने को ढीला छोड़ दें। तब आप पाएँगे कि सारा आकाश आपका हो गया है।

क्या करें विजेता बनाने के लिए

- अपने बच्चों के साथ एक खुला रिश्ता कायम करें, ताकि वे आपसे संवाद कायम करते या अपने दिल की बात करते न झिझकें। इस तरह आवश्यकता पड़ने पर वे आपकी मदद लेंगे और आपके अनुभवों से स्वयं को समृद्ध कर पाएँगे।

- बच्चों की हर माँग पूरी न करें। उन्हें यह एहसास दिलाएँ कि अच्छी चीजें मेहनत से प्राप्त होती हैं, इसलिए जीवन में अगर वे मनचाहा पाना चाहते हैं तो उन्हें मेहनत करनी होगी।
- बच्चों को हमेशा एक सकारात्मक प्रोत्साहन दें, ताकि वे मुश्किलों का सामना भी बिना डरे, बिना हौसला खोए करें। जीवन में आनेवाली चुनौतियों का सामना करने के लिए उनके पास सकारात्मक सोच हो।
- उन्हें सही-गलत के बीच का अंतर सिखाएँ और नैतिक मूल्यों का ज्ञान दें। उन्हें बताएँ कि भटकाव से कुछ हासिल नहीं होता, केवल एक बिंदु पर ध्यान केंद्रित कर ही सफलता हासिल की जा सकती है।
- बच्चे की इतनी भी सुरक्षा न करें कि उसे अपना दम-सा घुटता महसूस होने लगे। सोचने के लिए उसे खुला आकाश दें, चलने के लिए ठोस धरती और विकास करने के लिए उन्मुक्त व व्यवस्थित परिवेश।

□□□